資本帳戶開放的
條件、時機及效應研究

陳若愚 著

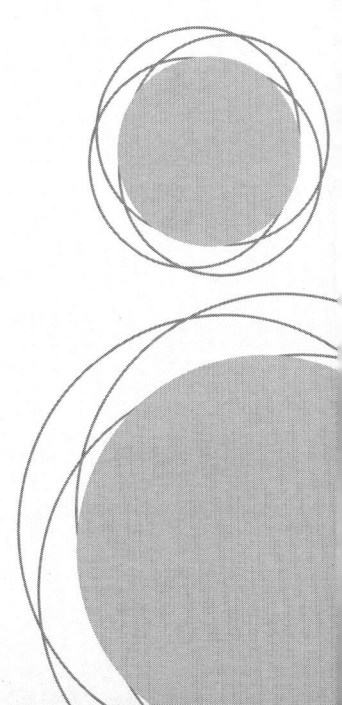
財經錢線

前言

　　資本帳戶開放是一把「雙刃劍」，既具有金融自由化所帶來的經濟增長正向效應，也具有金融開放所引致的金融不穩定等負向效應。從目標上看，資本帳戶開放是一國金融長期發展的必然選擇。但從實現方式上看，一國「何時開放」「如何開放」以及「開放後會帶來什麼影響」等問題一直是學術界和政府當局關心和爭論的焦點，這正是由資本帳戶開放具有正反兩面經濟效應決定的。相較於發達國家在資本帳戶開放中獲得巨大國際資本紅利而言，大多數新興經濟體在資本帳戶開放過程中並沒有得到「華盛頓共識」所預言的有序與和諧，它們倚重的國際資本也沒能在危機時刻扮演穩定形勢的角色。事實證明，脫離國情和發展階段的資本帳戶開放實現方式可能會造成事與願違的結果，如20世紀末期的拉美和亞洲金融危機便是這一問題最鮮明的體現。為此，對一國資本帳戶開放問題的探討離不開該國國內的基本國情和經濟金融發展狀況。本書將一國資本帳戶開放決策與其國內經濟金融發展狀況等基本國情結合在一起，在開放綜合效應最大化的目標下，探討「何時開放」以及「如何開放」的問題，並在此基礎上更進一步地探討資本帳戶開放的效應問題，即「資本帳戶開放會帶來什麼影響」。

　　基於上述背景，本書結合理論與實證研究方法，具體探討了如下三個問題：①結合一國國內基本國情和經濟金融發展狀況，分析資本帳戶開放的條件和時機選擇問題；②在非線性框架下研究資本帳戶開放的跨境資本流動效應；③借鑑經典「貨幣錨」模型實證研究資本帳戶開放的人民幣國際化效應。

　　通過對上述問題的研究，本書得出了比較豐富的結論，基本結論可概括

為如下三個方面：第一，一國宏觀經濟和政治環境層面的一系列初始條件狀況會對其資本帳戶開放的綜合效應造成影響，且具有顯著的「門檻效應」。在資本帳戶開放綜合效應最大化的目標和原則下，一國資本帳戶開放的程度應與本國經濟金融初始條件發展程度相匹配並保持平衡，這也間接決定了一國資本帳戶開放的最佳時機。第二，資本帳戶開放的跨境資本流動效應會隨著國內金融發展水準的提升而增強，呈現出非線性特徵，並且新興經濟體的這種非線性特徵相較於發達經濟體更為明顯。第三，資本帳戶開放有助於新興經濟體將人民幣設定為「錨定貨幣」，從而提升人民幣在國際貨幣體系中的地位，促進人民幣國際化。本書的研究論證了一國資本帳戶開放的程度和順序需要與本國基本國情相符這一典型事實，為一國資本帳戶開放政策的實施時機選擇奠定了理論基礎，也為中國實施資本項目有管理的可自由兌換、推進人民幣國際化提供了重要的借鑑意義。

在研究過程中，本書從不同視角對資本帳戶開放的條件、時機以及效應進行了深入探討，並運用多種研究方法對相關問題進行了系統剖析與闡釋。在前人研究的基礎上，本書主要在以下三個方面做出了可能的改進和創新。

1. 構建資本帳戶開放的條件和時機選擇的統一研究框架

既有文獻大多將資本帳戶開放的條件問題和時機選擇問題割裂開來，要麼探討資本帳戶開放的條件問題，要麼討論資本帳戶開放的時機選擇問題。本書則將資本帳戶開放的條件和時機選擇納入統一研究框架，提出資本帳戶開放的條件與時機選擇本質上屬於同一問題。在資本帳戶開放綜合效應最大化的目標和原則下，一國資本帳戶開放的程度與其經濟金融初始條件發展程度相匹配，而後者決定了一國資本帳戶開放的最佳時機。本書通過構建納入初始條件的資本帳戶開放經濟增長效應和金融風險效應門檻迴歸模型，實證估計了各初始條件對資本帳戶開放經濟增長效應和金融風險效應的門檻值，並在門檻迴歸結果的基礎上，引入信號分析法，構建資本帳戶開放成熟度模型，對一國經濟金融初始條件成熟度進行估計和量化。與以往研究相比，本書通過構建資本帳戶開放條件和時機選擇的整合分析框架，使研究更加貼近客觀實際。

2. 引入非線性分析框架，強調了金融發展對資本帳戶開放跨境資本流動效應的漸進演變作用

跨境資本流動與資本帳戶開放的聯繫一直受到學術界的廣泛關注。以往文獻通常假設資本帳戶開放與跨境資本流動規模之間的關係固定不變，因而一般採用線性模型展開實證檢驗，如 Arize 等（1995）研究發現資本帳戶開放的跨境資本流動效應與中國金融發展水準相關。僅以單一國家或新興經濟體、發達國家等具有同一屬性的國家為研究對象展開分析，缺乏不同屬性樣本之間的比較。與以往文獻不同，本書嘗試在非線性框架下，充分考慮金融發展約束，運用面板平滑轉換迴歸模型分析資本帳戶開放與跨境資本流動之間關係的漸進演變，並進一步比較和分析新興經濟體與發達經濟體在資本帳戶開放跨境資本流動效應方面的差異，彌補了以往文獻的研究樣本過於單一的問題，豐富了對資本帳戶開放跨境資本流動效應的探討。

3. 基於中國的經驗證據，豐富了資本帳戶開放的人民幣國際化效應的實證研究

中國現有文獻對資本帳戶開放的人民幣國際化效應分析大多基於定性分析，較少運用定量分析方法論證資本帳戶開放與人民幣國際化之間的關係。本書首先闡釋了資本帳戶開放對人民幣國際化效應的作用機制，並在此基礎上借鑑經典的「貨幣錨」模型，實證檢驗了資本帳戶開放的人民幣國際化效應，在研究方法、數據資本方面均對現有文獻進行了有益的補充。在樣本國選取方面，以往文獻遵從人民幣國際化「先周邊化，再亞洲化，最後全球化」的一般思路，而本書從國際貨幣職能角度出發，提出以從人民幣國際化的優先地區中選取的執行人民幣貨幣職能成本較小的新興經濟體為樣本國。本書在實證分析中的樣本國選取思路為人民幣國際化路徑選擇問題的探討提供了有益補充和新的思路。

陳若愚

2020 年 4 月

目錄

1 導論 / 1
  1.1 研究背景與意義 / 1
    1.1.1 研究背景 / 1
    1.1.2 研究意義 / 3
  1.2 研究思路、框架與內容 / 4
  1.3 研究方法 / 6
  1.4 可能的創新點 / 7

2 概念界定與文獻綜述 / 9
  2.1 概念界定 / 9
    2.1.1 資本帳戶 / 9
    2.1.2 資本帳戶開放 / 9
  2.2 文獻綜述 / 10
    2.2.1 資本帳戶開放的影響因素綜述 / 10
    2.2.2 資本帳戶開放的時機選擇綜述 / 12
    2.2.3 資本帳戶開放的跨境資本流動效應綜述 / 15
    2.2.4 資本帳戶開放的人民幣國際化效應綜述 / 17
    2.2.5 文獻的進一步評述 / 18
  2.3 本章小結 / 20

3 中國資本帳戶開放的發展歷程和測算 / 21

3.1 中國資本帳戶開放的發展歷程 / 21
3.1.1 中國資本帳戶開放的歷程回顧 / 21
3.1.2 中國資本帳戶開放背後的行為邏輯及其轉變 / 23

3.2 中國資本帳戶開放程度的測算 / 26
3.2.1 法定層面的測算方法 / 26
3.2.2 事實層面的測算方法 / 27
3.2.3 測度結果分析 / 30

3.3 本章小結 / 30

4 資本帳戶開放的條件分析 / 31

4.1 研究問題 / 31

4.2 理論假說的提出 / 33

4.3 基於綜合效應的門檻模型設定和估計方法 / 35
4.3.1 納入初始條件的資本帳戶開放綜合效應模型設定 / 35
4.3.2 樣本、變量及數據說明 / 36
4.3.3 模型參數的估計和檢驗 / 39

4.4 實證結果與分析 / 40
4.4.1 基準模型線性迴歸 / 40
4.4.2 加入初始條件的門檻迴歸 / 42
4.4.3 加入初始條件的資本帳戶各子領域門檻迴歸 / 49

4.5 本章小結 / 57

5 資本帳戶開放的時機抉擇 / 58

5.1 研究問題 / 58

5.2 條件成熟度模型的構建及評估方法 / 59
5.2.1 模型的設定 / 59

5.2.2　評估方法 / 61

　5.3　中國數據的實證檢驗及結果分析 / 65

　　　5.3.1　資本帳戶開放條件成熟度的估計 / 65

　　　5.3.2　資本帳戶各子領域開放條件成熟度的估計 / 67

　5.4　本章小結 / 73

6　資本帳戶開放的跨境資本流動效應 / 74

　6.1　研究問題 / 74

　6.2　理論假說的提出 / 76

　6.3　模型與方法 / 77

　　　6.3.1　模型設定 / 78

　　　6.3.2　估計方法 / 78

　　　6.3.3　變量與數據說明 / 80

　6.4　實證結果與分析 / 82

　　　6.4.1　模型診斷檢驗 / 82

　　　6.4.2　非線性模型的參數估計 / 85

　　　6.4.3　新興經濟體與發達經濟體的比較 / 86

　　　6.4.4　對資本帳戶開放與跨境資本流動非線性關係的進一步分析 / 90

　6.5　本章小結 / 93

7　資本帳戶開放的人民幣國際化效應 / 95

　7.1　研究問題 / 95

　7.2　理論假說的提出 / 96

　7.3　實證模型的構建 / 98

　　　7.3.1　貨幣國際化的衡量標準 / 98

　　　7.3.2　模型的設定 / 99

- **7.4 樣本、變量及數據說明** / 100
  - 7.4.1 樣本的選取 / 100
  - 7.4.2 變量選取及數據說明 / 106
- **7.5 迴歸結果分析** / 106
  - 7.5.1 基礎性迴歸 / 106
  - 7.5.2 穩健性分析 / 110
- **7.6 本章小結** / 116

8 結論、建議與展望 / 117
- **8.1 主要結論** / 117
- **8.2 政策建議** / 119
- **8.3 研究展望** / 122

參考文獻 / 124

附表 / 137

1 導論

1.1 研究背景與意義

1.1.1 研究背景

回顧 40 多年的改革開放，中國主動融入全球經濟並在開放型經濟建設方面取得了巨大成就。1996 年中國已經實現了國際收支經常帳戶的全面開放，而在資本與金融項目方面，中國一直遵循先進後出、謹慎推動的漸進式開放思路，開放程度相對較低（張明，2016；張春生 等，2017）。根據國際貨幣基金組織（IMF）《匯兌安排與匯兌限制年報（2011）》，截至 2011 年年底，中國資本帳戶的 40 個子項目中，實現基本可兌換的項目為 14 個，主要集中在直接投資及清盤、信貸工具交易方面；實現部分可兌換的項目為 22 個，主要集中在股票交易、債券市場交易、房地產市場交易與個人資本交易方面；不可兌換項目為 4 項，主要包括非居民參與中國貨幣市場、基金信託市場以及衍生產品交易等。但隨著中國改革力度的加大、開放向更寬領域更高層次的拓展以及人民幣在國際貨幣體系中地位的上升，中國經濟的進一步開放發展對資本帳戶的開放提出了更為急切的客觀需求。為此，中國政府當局通過高層文件密集釋放了盡快實現資本帳戶開放的積極信號。

2013 年 11 月，中共十八屆三中全會報告指出：「推動資本市場雙向開放，有序提高跨境資本和金融交易可兌換程度，建立健全宏觀審慎管理框架下的外債和資本流動管理體系，加快實現人民幣資本項目可兌換。」2015 年 10 月，《中共中央關於制定國民經濟和社會發展第十三個五年規劃的建議》（簡稱《「十三五」規劃建議》）指出：「擴大金融業雙向開放。有序實現人民幣資本項目可兌換，推動人民幣加入特別提款權，成為可兌換、可自由使用貨幣。」2017 年 7 月，習近平總書記在第五次全國金融工作會議上指出，要「積極穩

妥推動金融業對外開放，合理安排開放順序」。上述官方綱領性文件的闡述，表明實現資本帳戶開放已經成為中國政府中期政策目標。

從目標上看，資本帳戶開放是一國金融長期發展的必然選擇，但從實現方式上看，一國「何時開放」「如何開放」以及「開放後會帶來什麼」等問題一直是學術界和政府當局關心和爭論的焦點，這是由資本帳戶開放具有正反兩面經濟效應決定的。從資本帳戶開放的歷史實踐來看，資本帳戶開放並不總是如理論預期的「放鬆管制、解放壓抑的資本帳戶就能解決一切問題」[①]。事實證明，脫離國情和發展階段的資本帳戶開放實現方式可能會造成事與願違的結果，如20世紀末期的拉美和亞洲金融危機便是這一問題最鮮明的體現（見表1-1）。

表1-1 20世紀末新興經濟體資本帳戶開放時間與金融危機時間

國家	法定開放時間/年	事實開放時間/年	金融危機發生時間/年
墨西哥	1989	1989	1982，1994—1995
巴西	1991	1992	1998
阿根廷	1989	1991	1982，1990—1991，2001—2001
泰國	1987	1988	1984，1997—1998，2000
印尼	1989	1989	1997—1998
菲律賓	1991	NA	1983，1997—1998
馬來西亞	1988	1990	1997—1998
韓國	1992	1993	1997—1998

註：NA表示數據缺失。

相較於發達國家在資本帳戶開放中獲得巨大國際資本紅利而言，大多數新興經濟體在資本帳戶開放過程中並沒有得到「華盛頓共識」預言的有序與和諧，它們倚重的國際資本也沒能在危機時刻扮演穩定形勢的角色。當危機在全球範圍內波及時，這些國家境內金融系統也將受到外界金融波動的威脅，資本帳戶開放甚至成為新興經濟體發生金融風險的主要原因之一（陳雨露，2008；Kaminsky et al.，1999）。

[①] 麥克杜格爾-坎普模型（MacDougall，1960；Kemp，1966）論證了在資本自由流動情況下，資本會從邊際產出較低的富裕國流向邊際產出較高的稀缺國，資本的跨境自由流動會使流出國和流入國的產出都增加，進而使整個世界的產出和福利水準提高。此外，投資組合理論認為資本流動擴大了投資者資產組合的選擇範圍，持有境外資產可以使投資者在風險分擔不變的前提下享有更高的投資收益。

資本帳戶開放既具有金融自由化所帶來的經濟增長正向效應，也具有金融開放所引致的金融不穩定等負向效應。一國資本帳戶開放的進程需要與國內自身金融體系和總體經濟發展狀況相協調，當一國資本帳戶開放進程超過國內金融深度和經濟發展所能承載的限度時，會導致國內金融資產承擔過度的金融風險，從而最終影響資本帳戶開放實踐的結果。資本帳戶開放在發達國家和新興經濟體實踐結果的差異，正是資本帳戶開放在不同國家具有不同效應的外在表現。可以說，資本帳戶開放本身無可厚非，但脫離本國國情和發展階段的資本帳戶開放無疑會損害本國金融體系的穩定性和經濟健康發展的持續性。有鑒於此，對一國資本帳戶開放問題的探討離不開該國國內的基本國情和經濟金融發展狀況。本書正是在這樣的背景下，將一國資本帳戶開放決策與其國內經濟金融發展狀況等基本國情結合在一起，在開放綜合效應最大化的目標下，探討「何時開放」以及「如何開放」的問題，並在此基礎上更進一步地探討資本帳戶開放的效應問題，即「資本帳戶開放會帶來什麼影響」。

1.1.2 研究意義

開放是國家繁榮發展的必由之路，中共的十九大報告指出，「推動形成全面開放新格局」。中國已經進入深度開放發展的關鍵時期，資本帳戶開放作為中國建設開放型經濟新體制的重要組成部分，影響著新一輪對外開放的進程和質量。從國際層面上看，新一輪國際貿易談判更加強調貿易與投資並舉，投資協定與服務貿易相關聯，資本帳戶開放影響著中國與國際開放新標準、新規則的對接，進而影響著中國在新一輪對外開放中的貿易自由化談判和自由化進程；從中國層面上看，隨著中國金融改革的不斷深入，經濟持續平穩較快增長，資本管制已經對中國企業「走出去」、人民幣「走出去」形成了一定限制。從根本上說，資本帳戶開放對中國深度融入全球經濟、實現大國復興和「中國夢」具有重大意義。

一方面，資本帳戶開放並不是一個盲目開放的過程，資本帳戶開放需要與國內經濟金融發展狀況相匹配，脫離國情和發展階段的資本帳戶開放會對國內經濟造成一定程度的負面影響。本書通過構建納入初始條件的資本帳戶開放經濟增長效應門檻模型和金融風險門檻模型，在非線性框架下實證分析了一國經濟金融初始條件與資本帳戶開放經濟增長效應和金融風險效應之間的關係，論證了一國資本帳戶開放的程度和順序需要與其基本國情相符這一典型事實，為一國資本帳戶開放政策實施的時機選擇奠定了理論基礎，對中國實施資本項目有管理的可自由兌換具有重要借鑑意義。在具體研究方法上，本書將資本帳戶

開放的條件和時機選擇納入統一研究框架，改進了現有文獻常將兩者分開研究的思路。

另一方面，資本帳戶開放所帶來的最直接和最直觀的效應是跨境資本流動。在一國國內金融發展水準作用下，資本帳戶開放所帶來的跨境資本流動效應是變化的，因此，本書在非線性框架下對資本帳戶開放的跨境資本流動效應展開研究，使得研究更加貼近實際。對此問題的分析，可以為中國避免因資本帳戶開放而受跨境資本流動「大進大出」的影響提供重要的理論支撐。此外，本書更進一步地採用定量分析的方法探討了資本帳戶開放的人民幣國際化效應，在研究方法上豐富了當前文獻對資本帳戶開放的人民幣國際化效應的研討，為人民幣「走出去」提供了可借鑑的寶貴意見和理論支撐。

1.2　研究思路、框架與內容

本書首先在非線性框架下分析了初始條件與資本帳戶開放經濟增長效應和金融風險效應之間的關係，結合門檻分析的實證結果，構建了資本帳戶開放條件成熟度模型，重點探討了資本帳戶開放的條件問題。接著，本書又進一步探討了資本帳戶開放的效應問題，嘗試解決「資本帳戶開放會帶來什麼影響」的問題，並運用定量分析的方法，實證分析了資本帳戶開放的跨境資本流動效應和人民幣國際化效應。

綜上所述，本書的研究內容與框架如圖1-1所示。

本書具體內容安排如下：

第一章簡要地介紹了本書研究的背景、意義以及推進研究的思路、主要內容和框架，最後介紹了本書研究的方法和本書的可能創新點。

第二章主要圍繞四個方面展開：一是歸納總結影響資本帳戶開放效應的國內經濟金融初始條件，包括宏觀經濟方面的金融發展、貿易開放程度、通貨膨脹等以及政策環境方面的制度質量、外匯儲備等方面的因素；二是對國內外關於資本帳戶開放順序和時機選擇問題的相關研究進行梳理和總結；三是從理論和實證兩個層面回顧和梳理資本帳戶開放與跨境資本流動效應之間關係的相關研究；四是梳理了關於資本帳戶開放與人民幣國際化之間關係的文獻。

第三章首先回顧了中國資本帳戶的開放歷程並定性分析了開放背後的行為邏輯與轉變；然後基於定量的研究方法，採用法定層面和事實層面等的多種資

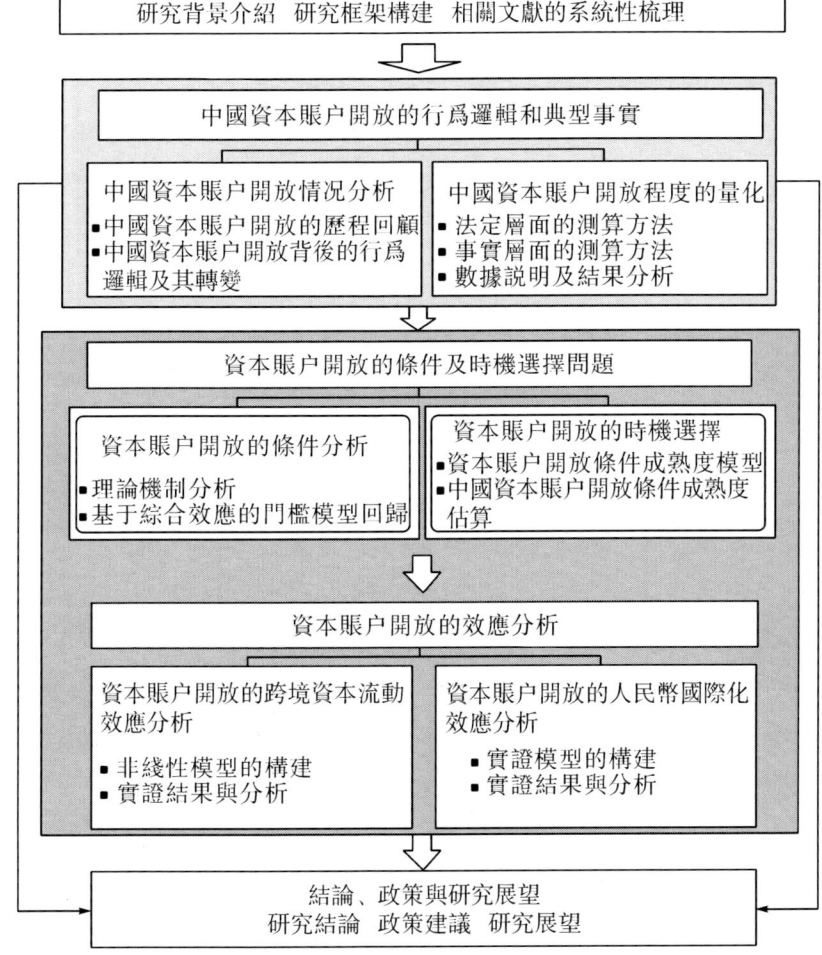

圖1-1 本書的研究內容與框架

本帳戶開放度量方法對中國資本帳戶開放進行量化,對中國歷史上和現階段的資本帳戶開放狀況進行分析。

第四章構建了資本帳戶開放綜合效應門檻迴歸模型,考察一系列初始條件對資本帳戶開放經濟增長效應和金融風險效應的綜合作用;在資本帳戶開放綜合效應最大化的目標和原則下,估算出各初始條件對資本帳戶開放經濟增長效應和金融風險效應造成不同影響的門檻值和區間。同時,本章結合各國開放實踐經驗,進一步細化研究對象,針對資本帳戶各子領域開放問題展開研究,通過考察初始條件對資本帳戶各子領域開放的綜合影響,估算出各初始條件對資

本帳戶不同子領域開放綜合效應造成不同影響的門檻值和區間，為各國推進資本帳戶有序開放提供有價值的參考。

第五章在第四章的初始條件對資本帳戶開放綜合效應門檻分析的實證結果基礎上，通過引入信號分析法，構建資本帳戶整體和各子領域的開放條件成熟度模型，在結合中國各初始條件發展實際狀況的條件下，估算出對中國資本帳戶開放綜合效應有影響的初始條件的成熟度，以更加科學的研究方法嘗試解決中國資本帳戶開放的時機選擇和開放路徑等現實問題。

第六章在非線性分析框架下探討了資本帳戶開放的跨境資本流動效應，並結合金融發展水準考察兩者之間關係的漸進演變；同時，進一步地比較和分析資本帳戶開放的跨境資本流動效應在新興經濟體和發達經濟體中存在的差異。

第七章運用經典的「貨幣錨」模型在面板數據基礎上分析了資本帳戶開放的人民幣國際化效應。其中，在樣本國選取上，本書摒棄了以往文獻隨意選取樣本或者從人民幣國際化地理拓展的角度選擇周邊國家為樣本國的做法，轉而從人民幣職能擴展的維度選取樣本國，這對人民幣國際化更具有實用意義。

1.3 研究方法

本書基於國際貨幣體系重構與中國深化改革開放的背景，系統地探討了一國資本帳戶開放的條件、時機選擇以及資本帳戶開放的效應。為了增強研究的科學性和結論的可靠性，本書運用多種方法對研究的問題進行了多層次的探討，相應的研究方法如下：

第一，理論分析與實證分析相結合。本書在梳理已有文獻的基礎上，歸納總結影響資本帳戶開放綜合效應的初始條件，闡釋各初始條件對資本帳戶開放綜合效應的影響機制，並利用跨國層面的面板數據對各初始條件與資本帳戶開放綜合效應展開實證分析。本書對資本帳戶開放的跨境資本流動效應和人民幣國際化效應分析的實證檢驗，是在理論機制分析的基礎上提出研究假說，並構建適的計量模型，運用新穎的數據資料對理論假說進行實證檢驗。

第二，定性分析與定量分析相結合。本書通過典型事實的描述對中國資本帳戶開放歷史進程及其背後的行為邏輯進行了定性分析。在定性分析的基礎上，本書採用多種測度方法對中國資本帳戶開放程度進行了定量分析，量化了2002—2013年各季度中國資本帳戶開放程度。除此之外，本書運用相關定量方法對資本帳戶開放條件成熟度進行了量化分析，探究了不同子領域開放條件

的差異。本書通過定性分析與定量分析相結合，更為系統、科學地研究了資本帳戶開放的條件、時機選擇及效應。

第三，對比分析法。由於新興經濟體和發達國家在經濟金融發展階段上存在差異，為更全面地分析資本帳戶開放跨境資本流動效應，本書運用了對比分析法，將研究樣本分為新興經濟體和發達國家兩個子樣本展開對比分析，以捕捉新興經濟體和發達國家資本帳戶開放所帶來的跨境資本流動規模和特徵的差異。

第四，多種計量方法的綜合運用。在資本帳戶開放的條件問題研究中，根據初始條件對資本帳戶開放綜合效應影響的非線性特徵，本書採用門檻迴歸分析的計量模型；在門檻迴歸分析的基礎上，本書引入了信號分析法對影響資本帳戶開放的初始條件進行成熟度量化。之後，本書進一步運用面板平滑轉換模型在非線性框架下分析了資本帳戶開放跨境資本流動效應的特徵。此外，在內生性問題的處理上，本書也綜合運用了多種處理方法：一是在變量選取上，盡量避免存在自選擇偏誤的內生變量；二是運用不同的迴歸方法以及不同的控制變量和縮小樣本等的方法進行穩健性檢驗。

1.4 可能的創新點

本書闡述了一國資本帳戶開放的「條件—行為—效應」循環機制。在研究過程中，本書從不同視角對資本帳戶開放的條件、時機以及效應進行了深入探討，並運用多種研究方法對相關問題進行了系統剖析與闡釋。在前人研究的基礎上，本書主要在以下三個方面做出了可能的改進和創新：

1. 統一探討資本帳戶開放的條件和時機選擇問題

既有文獻大多將資本帳戶開放的條件問題和時機選擇問題割裂開來，要麼只探討資本帳戶開放的條件問題，要麼只討論資本帳戶開放的時機選擇問題。本書則將資本帳戶開放的條件和時機選擇納入統一研究框架中，提出資本帳戶開放的條件與時機選擇本質上屬於同一問題。在資本帳戶開放綜合效應最大化的目標和原則下，一國資本帳戶開放的程度與其經濟金融初始條件發展程度相匹配，而後者決定了一國資本帳戶開放的最佳時機。本書通過構建納入初始條件的資本帳戶開放經濟增長效應和金融風險效應門檻迴歸模型，實證估計了各初始條件對資本帳戶開放經濟增長效應和金融風險效應的門檻值，並在門檻迴歸結果的基礎上，引入信號分析法，構建資本帳戶開放成熟度模型，對一國經

濟金融初始條件成熟度進行估計和量化。與以往研究相比，本書通過構建資本帳戶開放條件和時機選擇的整合分析框架，使研究更加貼近客觀實際。

2. 引入非線性分析框架，強調了金融發展對資本帳戶開放跨境資本流動效應的漸進演變作用

跨境資本流動與資本帳戶開放的聯繫一直受到學術界的廣泛關注。以往文獻通常假設資本帳戶開放與跨境資本流動規模之間的關係固定不變，因而一般採用線性模型展開實證檢驗，但 Aoki 等（2010）研究發現資本帳戶開放的跨境資本流動效應與國內金融發展水準相關。僅以單一國家或新興經濟體、發達國家等具有同一屬性的國家為研究對象展開分析，缺乏不同屬性樣本之間的比較。與以往文獻不同，本書嘗試在非線性框架下，充分考慮金融發展約束，運用面板平滑轉換迴歸模型分析資本帳戶開放與跨境資本流動之間關係的漸進演變，並進一步比較和分析新興經濟體與發達經濟體在資本帳戶開放跨境資本流動效應方面的差異，彌補了以往文獻研究樣本過於單一的問題，豐富了對資本帳戶開放跨境資本流動效應的探討。

3. 基於中國的經驗證據，豐富了資本帳戶開放的人民幣國際化效應的實證研究

中國現有文獻對資本帳戶開放的人民幣國際化效應分析大多基於定性分析，較少運用定量分析方法論證資本帳戶開放與人民幣國際化之間的關係。本書首先闡釋了資本帳戶開放對人民幣國際化效應的作用機制，並在此基礎上借鑑經典的「貨幣錨」模型，實證檢驗了資本帳戶開放的人民幣國際化效應，在研究方法、數據資本方面均對現有文獻進行了有益的補充。在樣本國選取方面，以往文獻遵從人民幣國際化「先周邊化，再亞洲化，最後全球化」的一般思路，而本書從國際貨幣職能角度出發，提出以從人民幣國際化的優先地區中選取的執行人民幣貨幣職能成本較小的新興經濟體為樣本國。本書在實證分析中的樣本國選取思路為人民幣國際化路徑選擇問題的探討提供了有益補充和新的思路。

2 概念界定與文獻綜述

2.1 概念界定

2.1.1 資本帳戶

資本帳戶（capital account）是構成國際收支平衡表的核心要素，記錄了一國在一定時期內與其他國家或地區所發生的金融資產和負債的變動。當前，學術界對資本帳戶的具體定義尚無統一定論，其中，國際貨幣基金組織（IMF）出版的《國際收支手冊》對其進行了較為詳細的描述。在此基礎上，本書認為資本帳戶是以貨幣形式表現的記錄在國際收支中的資本與金融帳戶的總和。按照類型劃分，資本帳戶可以分為資本項目類（資金的流動項目，如房地產跨境投資和非企業資本轉移）、直接投資類（外國直接投資與國內企業對外進行直接投資、跨國併購等）、股本證券投資類（股本、證券跨境投資和債券債務跨境投資等）和其他投資（以跨境貸款為主，包括貿易信貸、存貸款等）。

2.1.2 資本帳戶開放

資本帳戶交易的複雜性與多樣性，使得資本帳戶開放無論是在官方還是在學術界都沒有嚴格的統一的定義。IMF 在一份內部報告中對資本帳戶開放進行了定義：資本帳戶開放就是一國政府或金融監管機構將施加在資本與金融帳戶上的資本流動管制，如對資本數量的限制與補貼、徵稅等進行解除。1994 年，中國人民銀行舉辦的貨幣可兌換研討會定義資本帳戶開放為「不採取徵收稅金、補貼等管制政策或對國際資本跨界交易進行限制」。

本書認為資本帳戶開放主要包括兩個方面的內容：其一是一國金融管理機構放鬆對資本帳戶下各類子項目的管制，解除資本帳戶交易的限制；其二是一國貨幣當局取消資本交易的相關外匯管制。因此，資本帳戶開放的內涵體現為

跨境資本流動的自由程度和資本交易的本外幣兌換自由程度。

為準確認識資本帳戶開放，本書著重指明以下兩點：①資本帳戶的開放程度具有相對性。雖然大部分學者或政府當局認為資本帳戶開放應該准許資金跨境自由流動，取消相應交易限制，但是出於本國國情考慮以及世界經濟發展外部環境的不確定性，大部分國家會結合國際國內兩個市場的情況而制定相應的政策去管制部分資本項目，將資本帳戶開放權利掌握在本國手中，一旦國內或者國際經濟環境發生變化，會進行相應的調整。目前，沒有任何一個國家的資本帳戶是絕對開放的，即便是美國、日本這樣全球公認的資本帳戶開放程度最高的國家，也會部分地限制國外資本在國內自由流動。②資本帳戶開放並不悖於一國金融管理當局的審慎管理理念。資本帳戶開放具有正、負兩個效應的基本面，一方面，開放會帶來國際資本紅利，有助於促進國內經濟增長，深化金融領域改革；另一方面，開放也會將國際金融市場的波動引入國內。發達國家成功的資本帳戶開放實踐為 IMF 積極鼓勵世界各國主動開放資本帳戶提供了重要理論和實踐支撐，然而，大多數新興經濟體在資本帳戶開放實踐過程中並未獲得預期的成果，相反卻遭遇了不同程度的金融危機。2011 年 4 月，IMF 轉變了以往積極鼓勵的態度，在報告中提出，「應採取審慎的立場，各國應結合自身國情，在必要的時候進行資本管制，從而應對大規模資本流入的危機，減少金融危機風險」。中國一直採取比較謹慎的態度對待資本帳戶的開放，這雖然在一定程度上阻礙了金融的發展，但是在歷次金融危機中也最低限度地降低了所遭受的衝擊。

2.2 文獻綜述

2.2.1 資本帳戶開放的影響因素綜述

資本帳戶開放需要宏觀經濟環境和一系列適當的金融政策改革相配合，這些先決條件是保證資本帳戶成功開放和持續開放的基礎（陳元 等，2014）。對資本帳戶開放影響因素的研究也是從這些先決條件出發的，總體來看，國內外學者主要從宏觀經濟因素和政治法律法規環境因素兩方面來探討資本帳戶開放的影響因素問題。具體來看，其影響因素主要包括：①經濟發展水準；②宏觀經濟的穩健性及通貨膨脹率；③國內金融市場深度和政府對金融機構的管理及改革；④國內金融市場的流動性和多樣性；⑤貨幣政策；⑥匯率政策；⑦經常帳戶收支及對外投資水準；⑧外匯儲備充裕程度；⑨外貿出口多樣性；⑩銀

行、金融機構與資本市場容量及發達程度。

（1）宏觀經濟方面。Alesina 和 Summers（1993）發現當一國政府機構規模越龐大，對央行獨立性要求越低時，該國為了保持較低的國內市場利率，越有可能選擇實施大範圍的資本管制，從而影響該國的資本帳戶開放程度。Grilli 和 Milesi-Ferretti（1995）發現當一國政府機構越多，國民收入水準越低時，特別是發展中國家為了獲得高額稅收，越有可能實施較高水準的資本管制，從而阻礙本國資本帳戶的開放進程。Leblang（1997）通過研究發現，實行固定匯率制，且外匯儲備規模較小的國家往往更願意實施資本管制，資本帳戶開放程度也較低。姜波克（1999）發現當一國短期跨境國際流動資本占比較高時，資本帳戶開放往往會對該國國內經濟造成較為嚴重的衝擊。Bumann 和 Lensink（2016）發現當一國金融深化程度較低時，資本帳戶開放並不會帶來預期中的對貧富差距的改變，甚至有可能會導致貧富差距更加惡化；而只有當一國金融深化程度較高時，資本帳戶開放才會緩解收入分配不均的問題。但是，熊芳和黃憲（2008）卻認為並非只有在金融深化程度較高時才可以開放資本帳戶，相反，資本管制的放鬆往往會反向促進本國國內金融的穩定健康發展。近年來，一些學者開始綜合分析幾種不同的宏觀經濟變量對資本帳戶開放的影響。朱冰倩和潘英麗（2015）將一國的經濟發展水準、國內金融市場發展深度、金融資產市場多元性與流動性、對外直接投資規模、外匯儲備充足程度、宏觀經濟環境穩健性綜合起來，實證分析這六個經濟變量對資本帳戶開放程度的影響。王曦（2015）研究影響資本流出和流入項目開放程度的因素時，發現具有較高的經濟發展程度、較低的通貨膨脹率、適當的貿易開放程度、較高的政治民主水準，將同時對資本流出項目和流入項目的開放產生顯著的促進作用；而較大的對外淨資產頭寸有利於資本流出項目的開放。

（2）政治法律法規環境方面。馬西森（1995）發現經濟政策的延續性、一致性以及可信度會顯著影響該國資本帳戶開放的可持續性。Klein（2005）發現一國制度環境越好，越有利於促進該國資本帳戶開放。Pandya（2014）發現一國民主程度與資本帳戶開放程度呈現正相關關係，即一國民主程度越高，往往資本帳戶開放程度也越高；一國民主程度越低，往往資本帳戶開放程度也越低。Trabelsi 和 Cherif（2017）著重探究了私人部門對資本開放的影響，研究發現一國的私人部門越高效，制度環境越發達，資本流動就會越自由，資本帳戶開放水準也越高。

彭紅楓（2015，2018）認為資本帳戶的開放需要依賴於良好的宏觀經濟基礎，但也需要配套的政治制度環境以及相應的經濟運行機制來保證資本帳戶

開放的可持續性。之前的學者對資本帳戶開放影響因素的分析都比較片面，雖然考慮了宏觀經濟因素和政治制度因素，但並未系統地將兩者結合起來綜合考慮其對資本帳戶開放的影響，而這兩者本身是缺一不可的，單獨從一個角度出發可能會得出與從另一個角度出發得到的結論相割裂的結論而使得研究結果具有不足之處。因此，我們需要綜合考慮宏觀經濟和政治經濟環境來分析影響資本帳戶開放程度的因素。

2.2.2　資本帳戶開放的時機選擇綜述

一國應該在什麼時候、選擇什麼樣的時機、以什麼樣的方式開放自己的資本帳戶，或者說資本帳戶開放應該滿足什麼前提條件，這些問題在近幾年來得到了一國政府當局以及學術界越來越密切的關注。資本帳戶開放一方面可以為一國經濟發展帶來外部資金，另一方面則會對國內金融穩定造成衝擊，產生不利影響。一國的經濟承受能力和適應能力，決定著資本帳戶開放能否對該國國內經濟的發展產生促進作用，也決定著該國選擇什麼時候為資本帳戶開放的最佳時機。資本帳戶開放往往需要與國內其他各項金融改革措施配套實施，如匯率自由化改革、利率市場化改革。如何對這些改革措施進行合適的安排，這些金融改革的先後順序應該是什麼，著力點在哪兒，這些問題仍然懸而未決，在學術界也存在著激烈的爭論。2012年，中國人民銀行發布一份名為《中國加快資本帳戶開放的條件基本成熟》的報告，該報告從國際一般標準出發論述了中國擴大資本帳戶開放的條件已經成熟。2015年，時任中國人民銀行行長周小川在國家發展高層論壇上表示，中國將在2015年加快實現資本項目的可兌換。隨後，一系列相關調查研究政策報告相繼出抬，毫無疑問，中國資本帳戶開放已處於頂層設計的關鍵時期。無論是政府還是學術領域都針對這個話題展開了熱烈的討論，而討論的核心就是如何確定深化中國結構性改革、實體產業轉型升級和資本帳戶開放的先後順序問題，即資本帳戶開放的最佳時機選擇問題。

一國有效進行資本帳戶開放的時機選擇應該根據本國的初始條件，在評估本國金融部門和經濟承受能力的基礎上，安排合適的開放次序、制定合適的開放策略和把握一定的開放尺度，這是資本帳戶開放時機選擇問題的核心和本質。Schneider（2000）認為資本帳戶開放要達到促進經濟增長的目的，需要具備一定的前提條件，包括財政穩固、政府負債較少、經常項目收支平衡、金融發展達到一定水準、貿易出口多樣性以及中央銀行或金融監管部門宏觀審慎管理等。Bekaert等（2001）指出由於各個國家人力資本、要素禀賦、政府管控

能力、法律法規體系等因素不同，各個國家推進資本帳戶開放的時機選擇和程度也不應相同。Edwards（2002，2007，2008）指出資本帳戶開放與國內經濟、金融改革之間的推進的先後順序問題，是在經濟改革的排序問題中最為主要和關鍵的問題之一。Chinn 和 Ito（2006）的實證分析表明資本帳戶開放並不一定要求金融發展到一定程度。Kose（2009）將金融發展、制度質量、宏觀經濟政策、市場化等因素與貿易自由化程度等同在一起，這些因素為資本帳戶開放的平穩推進創造了有利條件。值得注意的是，他的結論並不意味著一國初始條件達到一定程度或者基本成熟後就可以立即開放資本帳戶，而是說明初始條件沒有達到一定程度或成熟度的國家在選擇資本帳戶開放時要慎重考慮，謹慎開放。熊芳和黃憲（2008）採用 1978—2005 年的數據，運用最小二乘迴歸實證分析了資本帳戶、經常帳戶的開放（採用進出口總額占 GDP 比重來衡量）與制度質量、金融發展水準、外匯儲備占 GDP 比重、人均 GDP 等變量之間的關係。研究結果發現，資本帳戶開放對金融發展的促進是顯著而穩定的，但資本帳戶開放的總體效應受到制度質量制約。Eichengreen 等（2011）發現一國要想通過資本帳戶開放來獲得相應收益，關鍵在於其是否擁有較為發達的金融體系、高效有力的法律法規等。Kaya 等（2012）也認為一國法律法規對投資人保護的力度、該國產業結構與工業化水準、金融發展質量、政府對宏觀經濟的調控能力等，都是影響資本帳戶開放最佳時機選擇的重要因素。Kein（2008）發現發達國家將資本帳戶開放後，顯著地促進了本國金融市場深度，成功帶動了經濟發展，並且從中獲取了較大的收益；而發展中國家金融體系不健全、市場化程度不高、行政管理效率低下等原因導致資本帳戶開放時機的延後。因此一國要想盡快地推進資本帳戶開放並從開放中獲得相應的利益，應該先讓本國金融發展水準達到一定的程度，超過相應的門檻值。為此，Kein（2008）認為國內金融改革應該先於資本帳戶開放。與 Kein（2008）相同，Eichengreen（2011）在對亞洲國家資本帳戶開放時機選擇問題的探討中也得出了相似觀點。Arora（2013）也認為，在通過資本帳戶開放獲取收益的同時將風險降低到一定水準，則一國在金融制度上和經濟發展水準上都要有一定的基礎。楊小海（2017）基於 DSGE（動態隨機一般均衡）兩國模型，模擬了中國對外進行股權、債券投資開放的過程，對其中的潛在風險進行評估。模擬和評估結果表明，無論在哪種政策安排下，放鬆資本管制均會導致中國面臨資本外流的壓力，而且資本管制越寬鬆，資本流出速度會越快，甚至出現資本大規模逃離的現象。因此，一國應更加重視經濟的結構性改革，使其優先於資本帳戶開放，同時降低本國居民的風險厭惡程度，加快中國金融體系改革，這些將會顯著降

低未來資本帳戶開放後政府或金融監管機構面對資本外流的壓力。

此外，就中國資本帳戶開放時機選擇問題而言，當前學術界對利率市場化、匯率改制與資本帳戶開放之間的關係存在兩派觀點。對資本帳戶開放持謹慎態度的學者認為，若要進行資本帳戶開放，必須先進行利率、匯率的市場化改革，國家只有將靈活的利率、匯率定價機制與一國健全的金融體系相結合才能夠有效抵消資本帳戶開放帶來的資本流動衝擊，降低發生金融危機的可能性，維護宏觀經濟的穩定和可持續發展，因此應當先進行利率和匯率市場化改革，再推動人民幣資本帳戶開放（餘永定 等，2012）。對資本帳戶開放持積極觀點的學者則認為，人民幣資本帳戶開放的條件應是在推進改革過程中出現的，改革與資本帳戶開放相輔相成而無先後順序，易憲容（2002）在中國人民銀行調查統計司調研查證的基礎上進一步深入探討中國資本帳戶開放問題，認為一些傳統理論的假設前提如「三元悖論」和利率平價理論並不適用於中國，中國資本帳戶開放問題有其特殊性，中國擁有龐大的經濟體量，同時中國金融政策、制度體系、法律法規等因素之間關係異常複雜，如果要依照先後順序，等對內改革全部完成後才開始進行資本帳戶開放，那麼中國可能始終無法滿足完美的資本帳戶開放必要條件，也會因此錯失開放時機導致自身發展滯後於世界。因此，馬杰（2007）認為中國應統籌推進改革開放，協調推進利率、匯率改革和資本帳戶開放，這才是正確合理的適合中國的人民幣資本帳戶開放路徑。

從根本上說，評估資本帳戶開放時機選擇是否合理的核心標準就是資本帳戶開放成本的大小，即資本帳戶開放所引致的資本跨境流動是否會對中國宏觀經濟造成一定程度的衝擊。資本帳戶開放會帶來資金的跨境流動，包括國際資本流入和國內資本流出兩個方面，短期跨境流動資本的「大進大出」會影響國內貨幣供給，增大央行貨幣調控的難度，從而造成一定程度的物價波動，這些影響將一直持續下去直到套利機會消失。同時，從政府調控宏觀經濟的目標來看，資本帳戶的開放會對一國的國際收支結構造成衝擊繼而影響國內經濟發展。倪權生和潘英麗（2013）將資本帳戶開放過程中可能產生的風險總結為五大類：國際短期資本「大進大出」衝擊中國金融市場；國際短期資本「大進大出」衝擊國際收支結構導致國際收支惡化；通脹壓力增加導致物價不穩、民心不安；短期外債規模增大衝擊地方債務結構，引發潛在償債風險或可能導致債務危機；貨幣被跨境資金貨幣替代的風險導致的金融風險。因此，中國改革與資本帳戶開放應遵循合理的順序，完善的中國金融環境以及配套體系的健全可以顯著降低資本帳戶開放的成本。胡逸聞（2015）囊括中國目前存在的

結構性變化，採用時變參數向量自迴歸模型展開實證模擬分析，認為人民幣資本帳戶開放應嵌入利率和匯率改革過程之中統籌進行，而不是在完成利率市場化、匯率改制之後再進行。如果政府以宏觀經濟穩定為主要目標，那麼最合適的人民幣資本帳戶開放路徑應該是：利率市場化→資本帳戶部分開放→匯率市場化→資本帳戶全部開放。盛松成和劉西（2015）、伍戈和溫軍偉（2013）等學者也認為資本帳戶開放應當與利率、匯率改革同步進行，協調推進。資本帳戶開放的前提條件雖然客觀存在，但並不是絕對的。蘇治和李進（2017）發現，匯率自由化與利率市場化存在相互促進、相輔相成的關係，兩者都會顯著促進資本帳戶開放進程；更重要的是匯率自由化有助於抑制金融風險的爆發，因此，此三項改革應當遵循「先匯率制度改革，再利率市場化改革，最後資本帳戶開放」的順序。裴長洪和餘穎豐（2011）運用 DSGE 模型，分別測算了資本帳戶開放和利率市場化的先後順序如何影響宏觀經濟波動，以及是否增加了社會總福利。羌建新（2005）對資本帳戶開放、金融體系改革與國民福利的關係進行了研究，研究結果發現，在本國福利最大化的目標下，一國應先進行資本帳戶開放，再進行金融體系改革，同時，提高匯率彈性會促進本國國民福利的提高，因此，匯率制度改革應處於資本帳戶開放與金融體系改革過程之中。

2.2.3 資本帳戶開放的跨境資本流動效應綜述

跨境資本流動是資本帳戶開放最為直接和直觀的效應。目前學術界普遍認為資本帳戶開放將會導致資本流動加劇，但是關於資本流動的決定因素，國內外學者們並沒有達成一致意見。Calvo 等（1996）通過實證分析發現，美國以及一些發達國家的低利率甚至是負利率水準，是導致大量國際資本從這些發達國家加速流入具有高利率水準的發展中國家的主要原因，因此，利差是資本帳戶開放過程中的跨境資本流動的主導因素，這在某種程度上論證了資本的逐利性本質。Lane（2004）使用 1970—1995 年的宏觀經濟數據，對發展中國家的跨境資本流動展開實證分析，研究結果表明，國際債權債務流動的決定性因素主要是發展中國家國內信貸市場的摩擦。Portes 和 Rey（2005）研究發現，國際信貸市場不完善、規則制度不健全不僅會影響到資本帳戶開放的跨境資本流動效應規模，還會影響到跨境資本流動的方向。隨著金融發展在國際金融研究中得到越來越多的重視，學術界也開始從金融市場發展水準這一角度來對資本帳戶開放的資本跨境流動效應問題進行探討。Aghion 等（2004）和 Caballero 和 Krishnamurthy（2004）均認為新興經濟體的金融發展水準整體上處於中等水

準時，其資本帳戶的開放應該遵循循序漸進原則，過早的開放資本帳戶會加劇金融動盪的風險，甚至引發金融危機。Aizenman 等（2007）、Broner 和 Ventura（2010）、Park 和 An（2012）均發現，一國金融市場發展程度越高，金融體制改革越成熟，跨境資本流動的波動幅度就越低，進而越能顯著降低跨境資本流動對國內經濟的衝擊。此外，越來越多的學者除了關注資本帳戶開放的跨境資本流動效應的規模問題，也逐漸開始注意到資本帳戶開放的跨境資本流動效應的流向問題。Aoki 等（2010）通過模型理論分析得出，資本的邊際生產率和國內資本市場利率水準在很大程度上決定了國際資本的流向。近年來，隨著計量軟件的不斷更新，數據的可得性增大，湧現出大量從實證分析的角度來考察國際資本流向的文獻。Prasad 和 Rajan（2008）通過建立非線性的研究框架對資本帳戶開放的「門閥效應」進行了分析，認為資本帳戶的開放對國際資本流向的影響有國別上的區別。瑞典、芬蘭和西班牙等國家開放資本帳戶使得資本以不同的形式如對外證券投資或其他對外投資跨境流出，而丹麥、智利、哥倫比亞等國家卻出現了資本的淨流入。Kalemli（2003）、Gonzalez 等（2005）的研究均發現在金融發展水準作用下，資本帳戶開放的跨境資本流動方向並不一定會令資本始終從利率水準低的國家流向利率水準高的國家。他們認為金融發展水準越高的國家，資本投資所承擔的風險水準越低，資本在追逐高利率的同時也會將風險考慮在內。Bayoumi 和 Ohnsorge（2013）的研究表明，當開放資本帳戶後，國內股票和債券市場會發生資金淨流出，同時這也能使國內投資者有更多的多元化投資機會。Axel 等（2006）等人的最新研究表明，國內金融發展水準的不同會影響資本帳戶開放進程中跨境資本流入或流出的規模，進而影響到跨境資本流動的方向。

近年來，隨著中國 QDII（合格境內機構投資者）與 QFII（合格境外機構投資者）的相繼實施，中國境內境外一些得到認證的合格機構可以在境外境內展開合法投資，這也表明中國資本帳戶正在逐步開放。為此，學術界對跨境資本流動及其效應也非常重視，針對中國的資本帳戶開放的跨境資本流動效應的研究也越來越多。楊子暉和陳創練（2015）在非線性框架下深入研究了全球 69 個國家的跨境資本流動效應，研究結果表明，跨境投資和證券投資的規模和方向與資本帳戶開放具有很強的聯繫，並且資本流動的波動性也會隨著資本帳戶的開放而加劇。鄭挺國和宋濤（2011）研究發現，一國國內金融發展水準與資本帳戶開放的跨境資本流動效應存在非線性關係，除此之外，非線性特徵還體現在短期資本波動存在結構性和區制轉移的問題。

2.2.4 資本帳戶開放的人民幣國際化效應綜述

在學術界，學者討論最多的便是中國推動人民幣國際化與資本帳戶開放究竟有何關聯，而當政府在研究如何推進人民幣國際化的過程時，兩者之間的關係也成為爭論的核心。一些學者認為要想為資本帳戶的開放開辟路徑，應當使人民幣國際化先於資本帳戶開放。孫杰（2014）認為人民幣要想實現資本項目可兌換，必須要國際化，只有當人民幣成為國際貨幣，在國際資本市場上佔有一席之地時，金融衍生產品的市場才能得到大規模的發展，短期資本市場才能夠得以開放。孫俊和於津平（2014）認為從根源上來講，貨幣國際化與資本項目可兌換具有各自內在的獨立性，兩者之間並無絕對的關聯，但是人民幣國際化可以充當在資本帳戶開放後的內在壓艙石，保證人民幣的幣值相對穩定，防範化解金融風險，阻止金融危機在中國發生。因此對於中國來說，中國政府應當在人民幣資本帳戶可兌換之前大力推進人民幣國際化。但是與此同時，一些學者則認為人民幣國際化還有很長的路要走，縱觀世界上通用的幾種國際貨幣，其國際化過程都是一個漫長的歷史過程，因此中國政府要想推動人民幣國際化進程，需要先逐步實現人民幣的自由兌換，而在解決人民幣自由兌換的過程中，對資本帳戶進行開放是實現人民幣自由兌換的關鍵一步。孫凱（2014）認為，人民幣國際化就是指人民幣不受地域的限制可以在任何一個地方進行交易，此外，人民幣可以在國際貿易中執行清算、支付等國際貨幣的功能，成為一種被大部分國家和地區接受的貨幣。因此，人民幣要想實現國際化應該先完成人民幣自由兌換。孫力軍（2008）提出，國際貨幣不僅僅是貨幣可以自由兌換，它還有儲備、支付等功能。但是人民幣要想發揮國際化相對應的國際貨幣職能，又必須要以資本項目可兌換為前提條件。王國松（2012）認為一國貨幣要想成為國際貨幣，需要實現國際貨幣的一系列基礎條件，而在這些基礎條件當中最重要的是充分實現該貨幣的可自由兌換功能。他在分析了中國資本帳戶下的交易事項以及人民幣可兌換現狀後，認為中國對資本帳戶下的交易進行的管制較多，而這些都將制約國外企業、居民將人民幣作為資產持有，這對於人民幣的國際化進程有較大的不利影響。上面兩種觀點都在將人民幣國際化和人民幣的可自由兌換進行排序。除了以上兩種觀點，還有一部分學者或政府官員認為這兩者之間雖然具有一定程度的聯繫，但是順序並不具有先後之分。王錦惠等（2007）認為，一國貨幣想要實現國際化，但是在起步階段並不一定會實現完全自由兌換，向著國際貨幣方向發展的過程可以同貨幣逐步實現自由兌換密切聯繫在一起。但需要注意的是，兩者之間並不是同一回

事。因為縱觀世界上的成熟的國際貨幣，都必然是可以完全自由兌換的，而貨幣國際化發展初期，貨幣並不會實現完全可兌換。姜波克（2004）將人民幣國際化從初始到成熟的過程與資本帳戶的逐步開放聯繫在一起，認為這兩者之間具有內在統一性，可以協調推進，同步進行。黃梅波、熊愛宗（2009）將一些初始條件與人民幣國際化、資本帳戶開放綜合分析，認為人民幣要實現國際化就需要對內改革，如國內金融市場改革、健全金融體系、規範相應法律法規等，同時這些改革措施對於保證資本帳戶平穩開放也具有非常重要的意義。吳官政（2012）通過研究日元的國際化發展歷程，以及將日本國內金融發展程度、經濟發展水準、資本帳戶開放聯繫在一起進行剖析，提出一國貨幣實現國際化並不必然要求資本帳戶開放，但是一國貨幣若要充分發揮世界貨幣職能則必須開放資本帳戶；同時，他還提出了今後開放資本帳戶以推進人民幣成為國際貿易結算貨幣、投資標的貨幣和國際儲備貨幣的政策建議。殷劍峰（2011）運用面板數據模型，針對美國、英國、日本和瑞士四個重要的國際貨幣國家1995—2013年的數據，實證分析得出：資本帳戶開放過程中要逐步放開對於直接投資流入的管制，對於直接投資流出管制放開的同時要注重監管。這些研究成果對中國開放資本帳戶以及人民幣國際化提供了重要的國外經驗。張春寶（2016）也規範分析了美國、日本、德國三個主要國際儲備貨幣國家的資本帳戶開放同貨幣國際化之間的關係，認為國際經驗表明一國要想推動貨幣國際化，資本帳戶開放是很關鍵的因素。人民對一國貨幣信賴的重要基礎是該貨幣能夠實現全球範圍內的有效流通，從而使企業或者居民使用該貨幣進行計價、在國際貿易中使用該貨幣結算以及官方和民間將該貨幣作為儲備貨幣或金融資產。楊海榮和李亞波（2017）基於2001Q1—2013Q4的季度數據，結合利率平價理論、占比法和FH條件，計算了中國實際資本帳戶開放度，再運用經典的「貨幣錨」模型在面板數據基礎上，分2001Q1—2009Q4與2010Q1—2013Q4兩個階段，討論了資本帳戶開放對人民幣國際化「貨幣錨」地位的影響。

2.2.5 文獻的進一步評述

（1）有關資本帳戶開放影響因素的文獻。通過上文對資本帳戶開放影響因素文獻的梳理，我們可以發現，國內已有部分學者分析了資本帳戶開放國國內經濟金融初始條件發展狀況對資本帳戶開放的影響，並得出一些有益的研究結論。但這些文獻也存在著不足之處，這些文獻在對研究樣本進行劃分時，並沒有按照一定規範進行統計分析，而是採用定性的方式，該類方法過於主觀和

隨意，容易對研究結果造成較大的偏誤。此外，一些文獻採用了定性研究方法對資本帳戶開放的影響因素進行分析，但在實證分析過程中常常會出現研究樣本選取過少、樣本時間期限較短甚至是利用橫截面數據進行實證分析等問題，從而導致實證分析結論代表性不強，或者是較難反應出開放國國內經濟金融初始條件發展狀況對資本帳戶開放影響的長期動態機制。此外，通過文獻梳理本書還發現，大多數文獻均只關注金融發展、制度質量、對外貿易開放程度等某一條件單一異質性的作用機制，忽略了開放國實施資本帳戶開放決策時面對的是一系列初始條件這一典型事實。有鑒於此，本書在對資本帳戶開放的條件展開研究時，綜合評估和考察了一系列初始條件異質性對資本帳戶開放效果的影響，對區分和估計各類初始條件的重要性和門檻水準具有非常重要的意義。同時，本書將綜合考量資本帳戶開放的增長效應和風險效應，在考慮一系列初始條件門檻效應的影響機制下，提出在資本帳戶開放綜合效應最大化的目標和原則下，一國政府當局應採用一套動態優化管理機制實施資本帳戶開放決策，其中，重點關注並即時評估各經濟金融初始條件的成熟度，擇機安排最為合理的資本帳戶開放次序和尺度。

（2）有關討論資本帳戶開放時機選擇問題的文獻。通過上文可知，已有文獻中關於資本帳戶「何時開放」問題的探討大多以定性分析為主，研究方法過於主觀和隨意，從而影響研究結論的準確性，本書將在資本帳戶開放綜合效應門檻迴歸模型實證分析的基礎上，構建資本帳戶開放條件成熟度模型，運用定量分析的方法，更加準確和科學地解決資本帳戶開放時機選擇問題。同時，現有文獻對資本帳戶開放次序方面大多關注「國內金融改革與資本帳戶開放孰先孰後」的問題，而較少關注資本帳戶內部各子領域之間開放的先後問題。本書將通過對資本帳戶各子領域開放條件成熟度的判斷，嘗試性地解決資本帳戶內部各子領域間的開放次序問題，為中國有序推進資本帳戶開放提供理論基礎。

（3）有關資本帳戶開放的跨境資本流動效應分析的文獻。現有文獻對跨境資本流動問題的探討大多針對單一國家或同一類別的經濟體，而鮮有文獻對不同類別國家的資本帳戶開放與跨境資本流動的關係展開比較研究。同時，現有文獻對跨境資本流動問題的研究大多基於線性框架，假設資本帳戶開放與跨境資本流動規模之間的關係是固定不變的。為此，本書在相關研究基礎上進行有益的補充，嘗試性地在非線性框架下研究資本帳戶開放與跨境資本流動之間的關係：一是結合金融發展水準，運用面板平滑轉換迴歸模型分析跨境資本帳戶開放與跨境資本流動之間的非線性關係的漸進演變；二是比較和分析新興經

濟體與發達經濟體資本帳戶開放的跨境資本流動效應的差異。

（4）有關資本帳戶開放的人民幣國際化效應的文獻。通過上文對已有的探討資本帳戶開放的人民幣國際化效應問題的文獻的梳理，我們可以發現大多數文獻對資本帳戶開放的人民幣國際化效應的分析都是基於定性研究，而鮮有文獻採用定量分析方法來研究資本帳戶開放的人民幣國際化效應。為彌補這一缺憾，本書在理論分析的基礎上，借鑑貨幣國際化經典模型——「貨幣錨」模型，定量分析資本帳戶開放的人民幣國際化效應。此外，本書在實證分析的樣本選擇上摒棄了以往文獻中的人民幣國際化路徑遵循地理拓展的模式，即先周邊、再亞洲、最後全球化的路徑，提出人民幣國際化應以貨幣職能拓展的方式推進，進而選擇能夠以較低成本承受人民幣國際貨幣職能的地區作為樣本，為人民幣國際化的路徑選擇提供了新思路。

2.3 本章小結

本章先對資本帳戶和資本帳戶開放進行概念界定，提出資本帳戶開放是一個較為宏觀的概念，包含兩層含義：一方面是對相關貨幣匯兌管制的開放，另一方面是對跨境資本交易限制的放鬆。之後，本章從條件、時機、跨境資本流動效應和人民幣國際化效應四個方面對現有資本帳戶開放的相關文獻進行歸納和梳理，在此基礎上，總結出現有文獻的不足。

3 中國資本帳戶開放的發展歷程和測算

隨著金融體制改革的深化，資本帳戶的開放問題逐漸成為熱點議題。目前，中國正處於形成全面開放新格局的關鍵期，深化金融領域的開放與改革不僅是促進開放型經濟新體制建設的動力源泉，也是中國經濟持續健康發展的基礎保障。資本帳戶開放作為資金高效、自由流動的前提，是中國金融領域深化改革的重中之重。對資本項目開放程度進行量化和測度，不僅有助於一國更好地把握資本市場的開放狀況，認識本國資本項目開放所處的階段，還有利於其把握資本帳戶開放的未來方向。

本章首先回顧中國資本帳戶開放各階段的歷史進程，並進一步分析其背後更深層次的行為邏輯；其次，採用定量研究方法，在梳理幾種資本帳戶開放的衡量指標的基礎上，從法定層面和事實層面對中國資本帳戶開放程度進行測量；最後，基於量化結果對中國現階段的資本帳戶開放狀況進行分析。

3.1 中國資本帳戶開放的發展歷程

3.1.1 中國資本帳戶開放的歷程回顧

中國資本帳戶在曲折中逐步實現開放。中華人民共和國在成立初期還處於社會主義探索階段，嚴重缺乏外匯資金，在計劃經濟體制下，中國貨幣政府當局實施嚴格的資本帳戶管制，中國資本帳戶也在近 30 年中處於完全封閉的狀態。直至 1978 年，中國大力推進改革開放，資本帳戶才隨之逐步開放。可以說，中國資本帳戶開放的發展歷程是與改革開放的歷程密切相關的（白曉燕等，2008）。本書將資本帳戶開放的發展歷程劃分為如下四個階段：

1. 資本帳戶的封閉階段（1978年以前）

20世紀70年代以前，中國政府對外匯的管理和對外貿易的管制非常嚴格，主要體現在兩個方面：一是人民幣匯率由國家統一規定，二是央行直接負責外匯資金的管理和業務。在這種制度下，中國基本上不向外借債，同時也不進行對外直接投資，對資本帳戶嚴格管制。此時的資本帳戶既無流入也無流出，處於完全封閉的狀態，這一狀態直到20世紀70年代末才逐漸改善。

2. 資本帳戶的逐步推進階段（1979—2001年）

1978年年底，中國開始實行改革開放。中國政府逐漸意識到資本流動的重要性，開始放鬆對資本帳戶的管制，這不僅吸引了外商投資，也促進了中國企業的對外直接投資。這一時期，中國實行的匯率制度也發生了重大變化，打破了改革開放之前所實行的統一管制匯率制度，實行外匯留成制度，對中國境內居民的外匯管理以及外匯兌換的管理逐漸開放，但是對資本帳戶的管制仍然較為嚴格。

1993年中國共產黨第十四屆三中全會召開，通過了《中共中央關於建立社會主義市場經濟體制若干問題的決定》，這為中國資本帳戶開放指明了方向。根據該決定，中國開始在外匯管理上實施重大變革，其中包括實行以市場供求為基礎的、單一的、有管理的浮動匯率制度，在成立外匯交易中心的基礎上建立規範統一的外匯市場，等等。此後，中國政府又取消了經常項目下的國際支付和轉移的限制措施和對其他經常項目的匯兌管制，進一步實現了人民幣在經常項目的完全可兌換。這一時期中國對外投資和資本流動都處於較為繁榮和發展的階段，直至1997年亞洲範圍內的金融危機爆發。中國政府為了應對資本外逃和人民幣貶值對經濟造成的衝擊，開始採取措施加強對資本流動的限制，使得資本帳戶開放出現一段時間的停滯。

3. 資本帳戶的加速開放階段（2002—2007年）

20世紀90年代末的金融危機使得中國政府當局放緩了資本帳戶開放的步伐。直到2001年年底，中國加入世貿組織（WTO），中國的資本帳戶開放才又重新開始發展，並逐漸步入加速期。在經濟全球化局勢的推動下，中國政府為了促進資本帳戶開放，提高行政效率，出抬了一系列有效措施。2002年，國家外匯管理局發布了《合格境外機構投資者境內證券投資外匯管理暫行規定》公告，提出從當年12月開始實施「合格境外機構投資人」（QFII）制度安排。2003年，黨的十六屆三中全會上通過的《中共中央關於完善社會主義市場經濟體制若干問題的決定》指出，「在有效防範風險前提下，有選擇、分步驟放寬對跨境資本交易活動的限制，逐步實現資本項目可兌換」。隨後中國

政府不斷加速資本帳戶的改革步伐，包括完善外債管理、資本市場和貨幣市場啟用合格境內機構投資者（QDII）和合格境外機構投資者（QFII）的投資限制管理模式和放開境外投資管理保險資金的制度管制。

4. 資本帳戶的深化改革階段（2008 年至今）

2008 年由美國次貸危機引發的全球範圍內的金融危機，對世界經濟格局和社會發展都造成了巨大的衝擊，中國經濟也在一定程度上受到了影響。中國政府在資本帳戶開放方面推出兩方面重要舉措：一是抓住發達國家由於經濟危機而導致資產估值偏低的機會，推動中國企業「走出去」，開展大規模對外直接投資；二是努力推動人民幣國際化，擴大人民幣在國際範圍內的使用。這兩項舉措不僅提高了中國企業在國際上的競爭力，同時促進了中國金融市場改革，在引入國際資金的同時也提升了中國國內實體經濟的金融支持效率。

2012 年以來，中國經濟已經進入深化改革的新時期，隨著經濟發展結構的不斷調整，資本帳戶開放也進入了深化改革時期。2013 年國家外匯管理局和證監會進一步簡化了 QFII 的審批程序。2013 年 7 月，國務院常務會議上通過了《中國（上海）自由貿易試驗區總體方案》，其中涉及外商投資改革以及對資本帳戶開放的相關問題。2016 年，黨中央、國務院決定在重慶市、四川省、陝西省等設立 7 個自貿試驗區。2018 年十九次全國人民代表大會也指出，加強自貿區的建設，為資本帳戶的進一步開放奠定了堅實的基礎。

3.1.2 中國資本帳戶開放背後的行為邏輯及其轉變

如前所述，中國資本帳戶的開放經歷了漫長而又曲折的過程，從改革開放前的完全封閉狀態到如今的深化改革，在這一過程中取得了卓越的成效。中國資本帳戶的開放，因受金融危機影響，也曾幾度停滯，其中最為明顯的是 2008 年的金融危機（張宇燕，2008；張宇燕，2010；遊宇，2016）。2008 年金融危機之前，中國政府的資本帳戶開放一直堅持漸進、審慎和可控的開放道路。2008 年全球金融危機的爆發不僅使各國經濟金融受到重創，同時也使各國對資本帳戶開放的態度產生了轉變。危機中，資本帳戶開放程度較低且對跨境資本流動進行管制的國家受到危機的影響反而較小。2012 年以來，中國學術界對資本帳戶開放問題也一直存在爭議。當前政府當局考慮到中國經濟還處於比較複雜的國內外形勢之中，但依然選擇繼續加大資本帳戶的對外開放力度，其背後的行為邏輯值得我們深思。

1. 金融危機前的資本帳戶行為邏輯分析

2008 年全球金融危機爆發之前，中國選擇開放資本帳戶主要是秉持中國

漸進式改革的總體策略,其內在原因是配合中國出口導向的發展策略和累積外匯儲備資產等。下面從四個角度對這一時期資本帳戶開放的行為邏輯進行詳細分析。

(1) 堅持漸進式改革的總體策略。

改革開放後中國堅持漸進式的開放發展道路,這是由中國這一時期的基本國情和中國特色社會主義道路決定的。中國只有進行不間斷的、持續的、有效的改革,正確處理好改革、穩定與發展之間的關係,才能保證國家的健康穩定發展。漸進式改革的宗旨是「試錯+推廣」的模式,探索改革發展的最優模式,同時盡可能地減少由改革變動造成的負面影響。資本帳戶改革作為改革開放的一部分,同樣具備這一時期改革開放漸進式發展的特徵,由原本的完全封閉狀態逐漸放開,中國開始了國際資本的融通和與國際經濟金融的交融。由於資本帳戶屬於不確定性比較大的項目,需要多種制度配套實施,這一特徵更加決定了資本帳戶開放需採取漸進的方式。

(2) 配合中國出口導向的發展策略。

出口導向貿易戰略又稱出口促進貿易戰略,是指發展中國家政府實施鼓勵加工業產品出口,改善以原始初級產品出口為主的狀況,通過調整產業結構,提高國外投資收入,進而推動國內經濟發展的戰略。20 世紀 60 年代末,「亞洲四小龍」通過實施出口導向的貿易戰略,在短時期內實現了經濟上的巨大飛躍。借鑑其發展經驗,中國也開始實施出口導向戰略,通過引進市場調節機制,解除多項保護主義經濟政策,以貿易出口帶動經濟的飛躍式發展。在此基礎上,中國政府加強外向型加工業的發展,增大工業製成品出口量,加快經濟工業化的進程。在鼓勵出口的同時,中國大量引進海外的技術、資產以及進口原料,彌補中國在資本流動和原材料上的不足。這些舉措都在一定程度上促進了中國資本帳戶的開放,如中國政府開放了對 FDI(外國直接投資)的限制,並實行減免所得稅、土地補貼等財政措施與之相匹配。

(3) 累積外匯儲備資產。

在發展中國家中,中國外匯儲備的增長速度比較迅猛。1996 年年底,中國外匯儲備為 1,000 億美元左右。1997 年亞洲金融危機的爆發使中國處於舉步維艱的狀態,只能通過增加外匯儲備來保障自身金融安全。

20 世紀 70 年代末到 21 世紀初,中國政府持續對資本帳戶進行開放,採取先開放資本流入、再放開資本流出的相關措施,使得外匯儲備不斷增加。中國外匯儲備的增長速度比較迅猛,2007 年年底上升至 1.53 萬億美元,相較於 1996 年增長了 8.6 倍。中國目前已經超越日本成為全球最大的外匯儲備持有國。

（4）吸取其他國家開放資本帳戶的經驗教訓。

金融危機的爆發常常與國際資本的管制有著較為緊密的聯繫。金融危機爆發的普遍原因是對資本帳戶管制的減少以及順應週期的宏觀經濟政策。20世紀80年代的拉丁美洲債務危機以及1997年的亞洲金融危機都是對資本帳戶的管制不當引起的。所以中國政府要借鑑其他國家的經驗，謹慎選擇資本帳戶開放的策略，綜合考慮中國國內金融市場不健全和金融制度仍處於脆弱階段的基本國情。

2. 金融危機後的資本帳戶行為邏輯分析

2008年金融危機的爆發對中國經濟產生了較大衝擊。中國政府當局雖然仍繼續選擇加大資本帳戶開放進程，但其背後的行為邏輯較危機之前發生了一些轉變。具體來說，可以將這一時期中國資本帳戶開放的行為邏輯總結為以下幾個方面：

（1）促進中國結構性改革。

改革開放後，中國漸進式改革已經實施了40多年，其弊端開始逐漸顯現。漸進式改革對生產關係的調整是在不觸及既得利益集團的經濟利益的前提下進行的。隨著改革的不斷深化，為了保證社會的持續發展，進一步的改革就必須在制度層面加大力度。此時，無論如何都無法避免給既得利益集團造成損失，這使得改革面臨較大的壓力。正因如此，如果不改變這一局面，中國更深層次的改革將會成為一種零和博弈，社會中也可能會出現尖銳對立的形勢，形成不穩定因素。因此，中國有必要改變這種現狀，而開放資本帳戶就是最佳選擇之一。它不僅可以引入外部競爭，同時也可以促進中國結構性改革，改變改革措施中存在的不利因素。

（2）加快產業結構升級。

改革開放後中國經濟發生了翻天覆地的變化，是經濟史上的一個奇跡。中國從「一窮二白」發展至今，原本以廉價勞動力、環境、能源等資源為主的稟賦型產業不再是中國在全球經濟中的競爭優勢，要形成新的國際競爭優勢就必須對當前的產業結構進行調整。中國需要從以勞動密集型產業為主向以技術密集型和高附加值資本型產業為主轉型，同時借鑑海外經驗，擴大海外投資，通過海外併購掌握學習國外先進技術和管理經驗。因此為了促進中國企業「走出去」，中國就需要放鬆對企業海外投資的各種限制，拓寬投資渠道，促進資本流動。

（3）外匯儲備保值。

外匯儲備是既可以彌補國際收支赤字，也可以維持匯率穩定的一種重要手

段。中國的外匯儲備從 2000 年起出現快速穩定增長的趨勢，截至 2006 年 2 月底已經高達 8,537 億美元，超過日本成為最大的外匯儲備持有國。中國外匯儲備主要用於投資發達國家政府債券，如美國、英國、日本等。在這種情勢下，外匯儲備的保值增值問題便成為央行面臨的一大重要挑戰。2008 年全球金融危機後，美國、英國等發達國家將國內的利率持續下調，實施以量化寬鬆為主的貨幣政策，這對中國的貨幣保值造成極大的威脅。為提高外匯儲備的收益率，中國政府改變過去「寬進嚴出」的思路，放鬆對資本流出的限制，從而通過增加對外投資維持外匯儲備的市場價值。

（4）推進人民幣國際化。

經濟危機爆發對全球各國家產生了重大影響，特別是歐美發達國家的經濟都出現了較大程度的下滑。中國作為發展中國家，經濟在政府採取了相關救濟措施後保持增長，使中國在之後的國際經濟發展中處於有利地位，人民幣在全球範圍內的影響力也在逐漸增強。但是要使人民幣走向國際化，成為國際範圍內的結算貨幣，就要加強資本帳戶的開放。中國政府可以通過對外貿易投資向境外輸出人民幣，同時也可以透過開放國內債券、股票和證券等金融市場，吸引海外人民幣資金流入，通過資本帳戶開放解決中國當前貨幣地位與經濟地位不匹配的問題，推動人民幣國際化。

3.2　中國資本帳戶開放程度的測算

3.2.1　法定層面的測算方法

在選取法定層面的測算方法計算資本帳戶的開放程度時，本書採用 Chinn 和 Schindler 的研究方法。根據 Chinn 的計算理論，資本帳戶開放度指標越接近 1，則說明開放程度越高。用此方法計算出的數據表明中國 1993—2013 年的資本帳戶開放度為 0.163,9 左右，說明中國的資本帳戶開放度比較低，也沒有發生太大的變化。這一點與事實不符。

Schindler 的計算指標是用接近 1 的數值表示完全封閉的資本帳戶。根據計算結果，2001 年以來中國的資本帳戶開放度幾乎為封閉狀態，2013 年略有改善。基於這種情況用法定層面的測算方法計算的結果無法分析資本帳戶開放程度對人民幣「貨幣錨」的影響，同時該方法也具有極大程度的主觀性，故而本書使用事實層面的測算方法。

3.2.2 事實層面的測算方法

本書主要使用三種方法對資本開放度在事實層面進行測算，分別是利率平價理論、占比法和儲蓄-投資相關性的測量。

1. 基於利率平價理論測量

Edwards 和 Khan 於 1985 年在對半開放的發展中國家的研究基礎上建立了基於利率平價理論的測量方法。Haque 和 Montiel 在 1990 年又在發展中國家的層面上進行了完善。該理論認為，對於只有部分開放資本帳戶的國家，利率市場出清為完全封閉和完全開放的國際市場利率的平均值，用公式可以表示為

$$i = \varphi i^* + (1 - \varphi) i' \quad (0 \leq \varphi \leq 1) \tag{3.1}$$

式中，i 表示部分開放資本帳戶國家的市場出清利率；φ 表示資本帳戶開放度；i^* 表示國際市場利率；i' 表示完全封閉狀況下的國際市場利率。當結果為 1 時表示資本帳戶完全開放。從貨幣的供給和需求的均衡角度可以計算資本帳戶的開放程度，如下式所示：

$$M = R + D \tag{3.2}$$

式中，R 表示國內外匯儲備折算成本幣的數量；D 表示國內其他貨幣的流通數量；M 表示國內貨幣供給量。因為變量具有滯後性，可以將外匯儲備滯後一期，如下式所示：

$$M = R_{-1} + D + CA + KA_G + KA_P \tag{3.3}$$

式中，CA 表示經常帳戶，KA_G 表示公共資本帳戶，KA_P 表示私人資本帳戶。當資本帳戶封閉時，貨幣供給量應去掉私人資本帳戶流通數量，所以式（3.3）可以表示為

$$M' = R_{-1} + D + CA + KA_G \tag{3.4}$$

也就是

$$M' = M - KA_P \tag{3.5}$$

對於貨幣需求函數，本書在 Bahmani-Oskooee 和項後軍等的研究基礎上，考慮卡甘效應，使用弗里德曼的貨幣需求函數提出中國貨幣需求函數，如下式所示：

$$\ln\left(\frac{M_{it}}{P_t}\right) = \alpha_{ko} + \alpha_{k1} R_t + \alpha_{k2} \ln\left(\frac{Y_t}{P_t}\right) + \alpha_{k3} \ln SPI_t + \alpha_{k4} \ln\left(\frac{M_{1t}}{P_t}\right)_{-1} + \varepsilon_t \tag{3.6}$$

式中，M_{it} 表示第 t 期狹義貨幣需求，P_t 表示價格水準，Y_t 表示國民收入，R_t 表示一年期貸款利率，SPI_t 代表第 t 期股票交易價格指數，ε_t 代表隨機誤差項。市場

出清時，貨幣供求處於均衡狀態，代入式（3.6），同時結合式（3.5）可以得到封閉條件下的利率，即下面的公式：

$$i'_{1t} = -\frac{\alpha_{10}}{\alpha_{11}} - \frac{\alpha_{12}}{\alpha_{11}}\ln\left(\frac{Y_t}{P_t}\right) - \frac{\alpha_{13}}{\alpha_{11}}\ln SPI_t + \frac{1}{\alpha_{11}}\ln\left(\frac{M_{1t}}{P_t}\right) - \frac{\alpha_{14}}{\alpha_{11}}\ln\left(\frac{M_{1t}}{P_t}\right)_{-1} + \varepsilon_t \quad (3.7)$$

上式是國內狹義貨幣在封閉條件下的市場利率，但是因為國內還沒有實現市場化利率，所以將上式代入式（3.1），再代入式（3.6），得到下面的公式：

$$\ln\left(\frac{M_{1t}}{P_t}\right) = \Pi_{10} + \Pi_{11}i_t^* + \Pi_{12}\ln\left(\frac{M_{1t}'}{P_t}\right) + \Pi_{13}\ln\left(\frac{Y_t}{P_t}\right) +$$

$$\Pi_{14}\ln SPI_t + \Pi_{15}\ln\left(\frac{M_{1t}}{P_t}\right)_{-1} + \varepsilon_t \quad (3.8)$$

其中，$\Pi_{10} = -\alpha_{10}(1-\varphi)$，$\Pi_{11} = \alpha_{11}\varphi < 0$，$\Pi_{12} = 1-\varphi$，$0 \leq \Pi_{12} \leq 1$，$\Pi_{13} = \alpha_{12}\varphi > 0$，$\Pi_{14} = \alpha_{13}\varphi > 0$，$\Pi_{15} = \alpha_{14}\varphi > 0$。

對式（3.8）進行迴歸，可得到中國實際資本帳戶開放度。式（3.9）中的 M'_{1t} 是用 M_{1t} 減去直接投資、證券投資和其他資本項目得到的。然後對式（3.8）中 φ 建立變參數狀態空間模型。量測方程和空間方程如下式所示：

$$\ln\left(\frac{M_{1t}}{P_t}\right) = -\alpha_{10}(1-\varphi) + \alpha_{11}\varphi i_t^* + (1-\varphi)\ln\left(\frac{M_{1t}'}{P_t}\right) +$$

$$\alpha_{12}\varphi\ln\left(\frac{Y_t}{P_t}\right) + \alpha_{13}\varphi\ln SPI_t + \alpha_{14}\varphi\ln\left(\frac{M_{1t}}{P_t}\right)_{-1} + \varepsilon_t \quad (3.9)$$

$$\varphi_t = \alpha + \beta\varphi_{t-1} + e_t$$

本書在進行計算時，採用的數據來源於中國國家統計局與社會發展統計數據庫和國家外匯管理局在線數據庫。本書在使用 X12 的方法進行調整後進行平穩性檢驗，得到 φ，將該計算結果記為 KAOPEN$_1$，計算結果如圖 3-1 所示。

2. 占比法測量

占比法是基於實際資本規模測度法建立起來的。1998 年 Kraay 用跨境投資規模和 GDP 的比值衡量一個國家的資本發展規模，從而進一步測算該國資本項目的開放程度。Lane 和 Milesi·Ferretti 在 Kraay 的基礎上發展了占比法，用實際資本占 GDP 的比重進行計算。

$$\text{KAOPEN}_2 = \left|\frac{\text{資本流動總量}}{\text{GDP}}\right| \quad (3.10)$$

其中，資本流動總量是不包含黃金的外匯儲備的變動量減去經常帳戶差額的數值。KAOPEN$_2$ 越接近 1，資本開放度越高，計算結果如圖 3-1 所示。

3. 儲蓄-投資相關性（F-H 條件）測量

Feldstein 和 Horika 在 1980 年提出可以通過驗證儲蓄和投資之間的相關性判斷一國資本的真實情況，也稱為 F-H 條件。該想法也為測量資本帳戶開放度提供了一種思路。基於 F-H 條件，資本帳戶開放由下面式子中的 λ 決定：

$$(I/Y)_i = \kappa + \lambda (S/Y)_i + \mu_i, \quad 0 \leq \lambda \leq 1 \quad (3.11)$$

式中，I/Y 表示投資率，即投資占總收入的比率。S/Y 為儲蓄率，表示儲蓄保持係數，值越接近 1，資本帳戶開放度越低。為了衡量不同時期 λ 的變化，建立狀態方程如下：

$$\lambda_t = \eta + \varphi \lambda_{t-1} + e_t \quad (3.12)$$

量測方程（3.11）和狀態方程（3.12）構成了變參數狀態空間模型，狀態方程描述狀態變量儲蓄帳戶的生成過程。數據採用中國經濟網的季度數據。由於 S 的季度數據無法得到，我們可以通過宏觀經濟恆等式進行推導：

$$GDP = C + I + EX \quad (3.13)$$

經常帳戶差額 = EX + 來自國外的淨收益 + 來自國外的淨轉移收入

$$(3.14)$$

國民可支配收入 = GDP + 來自國外的淨收益 + 來自國外的淨轉移收入

$$(3.15)$$

將上面的公式進行移項和整合，可以得到：

$$S = 經常帳戶餘額 + I \quad (3.16)$$

在進行相關計算後，需要對數據進行平穩性檢驗，通過 PP 檢驗和 ADF 檢驗，在顯著性水準為 5% 時，式（3.11）取對數後為平穩時間序列。用 KAOPEN 3 表示資本開放度，計算結果如圖 3-1 所示。

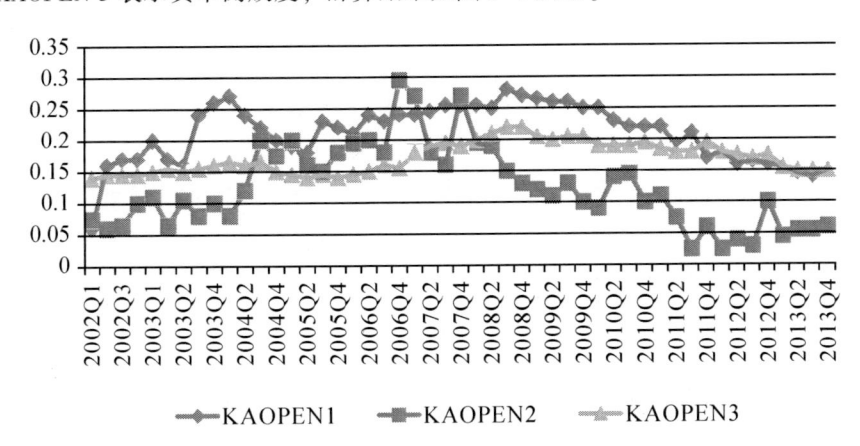

圖 3-1 2002Q1—2013Q4 中國實際資本帳戶開放度計算結果趨勢

3.2.3 測度結果分析

本書使用2002年第一季度到2013年第四季度的數據,用三種事實層面的計算方法對中國資本帳戶的開放程度進行計算。由圖3-1可以看出,KAOPEN$_1$、KAOPEN$_2$和KAOPEN$_3$三者的走勢大致相同。

KAOPEN$_1$從2002年開始處於上升的狀態,到2004年達到0.25以上,之後出現了一個明顯下降的趨勢,2005年開始回升,一直在波動中上升;2008年之後開始緩慢下降,直至2013年年底達到0.15左右。KAOPEN$_2$是三條曲線中波動最大的一條,從2002年開始在較大的波動中上升,2007年年初達到頂峰的狀態,值為0.3,之後就開始下降,到2013年略有回升,達到0.05左右。與之相反,KAOPEN$_3$是三條曲線中最為平緩的一條,同樣以2008年為分水嶺,2008年之前該曲線整體呈上升趨勢,2008年開始下降。這三條曲線同時說明了2008年金融危機對中國產生的影響。全球範圍內的經濟危機使中國的經濟和社會發展產生了較大程度的波動,資本項目的開放度也隨之降低。

3.3 本章小結

本章的研究將中國資本帳戶開放分為四個階段:1949—1978年的封閉階段,1979—2001年的逐步推進階段,2002—2007年的加速開放階段,2008年至今的深化改革階段。2008年金融危機是中國資本帳戶開放過程中的一個轉折點。在經濟危機之前,中國政府主要是在漸進式改革的總體策略,配合中國出口導向的發展策略,累積外匯儲備資產和吸取其他國家經驗教訓的基礎上選擇資本帳戶開放。2008年之後,中國政府仍然堅持開放策略,主要是出於促進國內結構性改革、加快產業結構升級、外匯儲備保值以及推進人民幣國際化的原因。

由於法定層面的測算方法計算得到的指標均沒有太大變化,因此本章重點用基於利率平價理論測量、占比法測量以及儲蓄-投資相關性(F-H條件)測量三種事實層面的方法對資本帳戶的開放度進行計算。計算結果都表明,中國資本帳戶在2008年之前一直處於上升狀態,之後出現下降趨勢。

4 資本帳戶開放的條件分析

本章通過構建資本帳戶開放綜合效應門檻迴歸模型，對多個發達國家和新興經濟體 2002—2013 年的面板數據進行研究，考察資本帳戶開放的經濟增長效應和金融風險效應受到的一系列初始條件的影響；在資本帳戶開放綜合效應最大化的目標和原則下，估算出各初始條件對資本帳戶開放綜合效應造成不同影響的門檻值和區間範圍。此外，結合各國開放實踐經驗，本章更深一步細化研究對象，針對資本帳戶各子領域開放問題展開研究，通過考察初始條件對資本帳戶各子領域開放的綜合影響，估算出各初始條件對資本帳戶不同子領域開放綜合效應造成不同影響的門檻值和區間，為各國推進資本帳戶有序開放提供重要的參考。

4.1 研究問題

資本帳戶開放是一國開放型經濟建設的重要組成部分，在各國資本帳戶開放實踐中，發達國家獲得了經濟增長而新興經濟體卻遭受了不同程度的經濟動盪，甚至是金融風險和金融危機（Edwards，2001；Ito，2004；餘永定，2014）。發達國家和新興經濟體資本帳戶開放效果的巨大差異令學者們不得不重新審視資本帳戶開放與經濟增長、金融風險等變量之間的內在關係。他們認為開放國初始條件的差異是引起各國資本帳戶開放效果不同的重要因素，並從理論和經驗研究的角度證實了開放國初始條件對資本帳戶開放的綜合收益存在影響，且這種影響是較為顯著的。更進一步地，部分學者還發現初始條件對資本帳戶開放效果的影響並非線性，而是存在著明顯的「門檻效應」，即只有開放國初始條件達到一定的水準，一國才能在資本帳戶開放過程中實現經濟增長或降低金融風險（Chinn et al.，2003；雷達 等，2007；雷達 等，2008；郭碧霞 等，2016）。

可以看出，在資本帳戶開放綜合效應最大化的原則和目標下，一國實施資本帳戶開放的行為並不是主觀和隨意的行為，而是需要在滿足一系列初始條件的前提下展開和推進的理性行為[1]。但現有相關研究大多採用定性的研究方法，對一國是否滿足初始條件進行評判和分析；或者僅從定量分析的角度，關注宏觀經濟層面和政治環境層面等一系列初始條件中的單一因素與資本帳戶開放的經濟增長或金融風險中的單一方面之間的關係。結合國際經驗來看，資本帳戶開放效果是經濟增長和金融風險的綜合效應的結果，同時，對資本帳戶開放效果造成影響的初始條件是包含宏觀經濟層面和政治環境層面等多方面的一個條件集合。在此背景下，為確定不同階段資本帳戶開放的適當水準和尺度，有必要在規範、標準的統計分析框架下，綜合評估和考察一系列初始條件對資本帳戶開放綜合效應的影響，以區分和估計各類初始條件的重要性和門檻水準。為此，本章構建資本帳戶開放綜合效應門檻迴歸模型，在非線性的框架下綜合考量在一系列初始條件下，資本帳戶開放的增長效應和金融風險效應受到的影響，進一步估計出各初始條件對資本帳戶開放綜合效應造成不同影響效用的門檻值和區間。

此外，考慮到現實實踐中各國資本帳戶開放既包含開放程度較高的整體開放，也包含資本帳戶各子領域不同程度的開放，本章進一步細化研究對象，針對資本帳戶各子領域開放問題展開研究，考察初始條件對資本帳戶各子領域開放的綜合影響。本章通過將資本帳戶各子領域開放變量作為資本帳戶開放變量的代理變量納入門檻迴歸模型，估算出各初始條件對資本帳戶不同子領域開放綜合效應造成不同影響的門檻值和區間，為各國依據自身初始條件分階段有序推進資本帳戶開放提供重要的參考。

---

[1] 資本帳戶開放的目標是通過實施合理的開放政策使資本帳戶開放綜合效應達到最大化，其中綜合效應是指開放收益和成本的對比。廣義上說，資本帳戶開放收益是開放後通過資本流入、促進金融發展、宏觀經濟政策更有紀律性以及降低經濟增長的波動性等方面給本國經濟帶來收益（Tornell et al.，2004；Bonfiglioli，2008；Shehzad et al.，2009；Schmukler，2004；Baier et al.，2013）；而資本帳戶開放成本主要包括開放後增加國內經濟金融脆弱性、提高跨國經濟金融風險傳染概率、導致經濟金融危機爆發等帶來的損失（Krugman，1991；Rotemberg，1991；Grupta et al.，2014；Ocampo，2015；Shen et al.，2015）。從狹義上說，資本帳戶開放收益就是實現經濟增長，成本就是引發金融危機。為便於本章之後實證模型中數據的選取，本書從狹義的角度來定義資本帳戶開放綜合效應中的收益與成本。

4.2 理論假說的提出

　　初始條件在經濟學研究中的作用越來越受重視。新制度經濟學和演進經濟學在批判新古典經濟學靜態均衡概念時認為，初始條件從根本上影響並決定制度演化方向，同時初始條件的差異會造成各國經濟增長狀況的不同（哈勒根等，1999）。依據新制度經濟學中的「路徑依賴」理論（又稱「滯後理論」，the theory of hysteresis），當政策框架發生變動時，由於滯後效應的存在，這種變動會受到政策效果的抵制，而這種抵制效應取決於初始條件。可以說，初始條件既是前一時期一國政治經濟發展的結果，也是該國下一時期政治經濟發展的條件。

　　資本帳戶開放是一國金融市場融入全球金融體系的重要方式和途徑。當一國政府由資本管制轉向資本開放時，這一政策框架的轉變效果會受該國自身初始條件的影響。初始條件的成熟是推進資本帳戶開放的前提，一國經濟發展和收入水準差異，文化、語言、種族差異，金融發展水準差異，制度質量差異，開放次序選擇差異等政治經濟方面的初始條件差異，都會影響到資本帳戶開放的綜合效應（Kose et al., 2009b；Arora et al., 2013；朱冰倩 等, 2015）。良好的宏觀經濟條件是資本帳戶開放的基礎，而配套的政治環境保證了資本帳戶開放的可持續性。借鑑前人研究，本書重點關注並研究一國宏觀經濟和政治環境兩個層面的四個方面初始條件對資本帳戶開放綜合效應的影響，具體如下：

　　第一，金融發展的初始條件。一國金融發展程度越高，資本帳戶開放後就越有能力將流入的境外資本進行有效分配，並投資於競爭優勢更加明顯的項目，依託外資技術的本土企業越能夠營造良好的信貸融資平臺。同時，較高的金融發展程度也可以更有效地分散金融風險，從而降低開放風險（Bailliu et al., 2000；Kose et al., 2008；方顯倉 等, 2014）。金融發展對資本帳戶開放收益的影響主要基於開放國發達的金融市場和金融部門能更好地利用外來資本（Prasad et al., 2007），充分吸收流入資本溢出效應（Albuquerque et al., 2003），降低開放後經濟增長波動（Acemoglu et al., 1997；張玉鵬 等, 2011）以及吸引更多國際資本流入（Lane et al., 2001）。金融發展對資本帳戶開放成本影響的作用機制體現在境外資本流入導致貸款增加、銀行脆弱性加劇（Kaminsky et al., 1999），本國資本大幅外逃（Mishkin, 2006），金融監管無法適應資本結構變化（Arteta et al., 2003）。

第二，制度質量的初始條件。制度質量對資本帳戶開放綜合效應的影響主要基於以下三個方面：首先，開放國制度質量可以提高資本收益率，降低交易成本和沉沒成本（Fernandez et al., 2007；胡凱 等，2011；陸軍 等，2014）。其次，對於制度質量好的國家而言，開放外部資本有利於刺激本國的投資需求，進一步與流入的外部資本產生交互作用，從而使經濟加速增長（Bekaert et al., 2005；Chanda, 2005）。最後，如果一國具有比較良好的信用制度、產權制度以及契約履行制度，則該國的制度質量相對會比較高，這樣不僅可以減少信息不對稱帶來的損失，還可以減少本國企業、金融機構、跨國資本的道德風險以及逆向選擇等行為，從而可以降低金融脆弱性，有效避免金融危機爆發（Gelos et al., 2005；Honig, 2008）。

第三，貿易開放的初始條件。貿易開放對資本帳戶開放綜合效應的影響主要體現在貿易開放可以降低一國受到外部衝擊的程度。不管是從新古典理論、資本形成效應，還是從國際市場規模效應以及提升資源配置等方面，貿易開放對經濟增長均具有明顯的促進效應（Helpman et al., 1985；Rodrik, 1988；Esfanhani, 1991；Krueger, 1998）。當對外貿易促進經濟增長時，在經濟下調的情況下，不同經濟部門之間的就業降低程度會相對減少，同時，這也會減少對不同經濟部門之間的配置資源能力的衝擊，因此能夠延緩那些可能對金融體系造成損害的實體經濟調整（Martin et al., 2006；Eichengreen, 2001）。

第四，宏觀經濟政策的初始條件。一國資本帳戶的開放依託良好的宏觀經濟環境，宏觀經濟的良好狀況能使一國有效應對經濟運行中的內外部衝擊，從而營造出有利於資本開放的宏觀經濟環境。與此同時，良好的宏觀經濟環境也會使積極的傳遞信號在市場上產生，有利於穩定市場對財政政策以及貨幣政策的信心，進一步吸引更多的資本流入本國市場（陳志和 等，2009；鄧敏 等，2013）。

可以發現，一定的初始條件對於一國資本帳戶開放的穩定和經濟增長具有積極的效應，因此本書提出理論假說4.1。

理論假說4.1：初始條件對資本帳戶開放綜合效應有影響，且具有「門檻效應」。

上述機制分析重在強調初始條件異質性會對資本帳戶開放的綜合效應造成影響。更進一步地，學者從證券市場、直接投資市場、債務市場等角度探討和分析了初始條件對資本帳戶各子領域的影響，並發現這種影響關係存在非線性特徵。Bekaert、Harvey和Lundblad（2005）發現開放證券市場後，金融發展程度越高的國家經濟增長越快。張鵬和孟憲強（2011）通過構建證券市場開放

模型預測的經濟增長速度明顯更高。Alfaro 等（2006）認為外商直接投資的規模取決於一國的金融發展水準，當一國具有開放的金融市場、完善的金融制度時，會吸引更多的外資流入。他們的研究同時指出，相對於金融不夠發達的國家，金融發達國家的對外直接投資更加有利於該國經濟的增長。鐘娟和張慶亮（2010）通過構建非線性模型，指出 FDI 的發展存在一個臨界值，而金融發展有利於突破這一臨界值，他們進一步估計出了金融發展對 FDI 溢出效應的門檻值。Edison 等（2002，2003，2004）研究指出，在中等制度質量的國家中，制度質量對資本帳戶開放的增長作用的影響會更加明顯，從而有利於外部資本的流入，進一步促進經濟的增長。Klein（2005）的研究補充了這一點，指出在中等水準下，制度質量與資本帳戶以及經濟增長之間存在正向影響關係，這表明制度質量對資本帳戶以及經濟增長的門檻效應不同於金融發展的門檻效應，存在非線性的作用。因此本書提出理論假說 4.2。

理論假說 4.2：同一初始條件對資本帳戶各不同子領域開放的經濟增長效應和金融風險效應的門檻作用的門檻值各不相同。

4.3 基於綜合效應的門檻模型設定和估計方法

本節建立資本帳戶開放經濟增長模型和資本帳戶開放金融風險模型，從初始條件的角度，研究資本帳戶開放的經濟增長效應以及金融風險效應，估計出在初始條件下，資本帳戶開放的收益程度以及降低風險的門檻水準。

4.3.1 納入初始條件的資本帳戶開放綜合效應模型設定

基於上一節對初始條件與資本帳戶開放收益和成本之間影響機制的分析，本書通過構建非線性模型，研究初始條件對各國資本帳戶開放效應的影響。

Hansen（2000）的研究指出，門檻模型彌補了線性模型結果解釋能力不強的問題，以及統計方法過於主觀的不足。本書借鑑 Hansen（2000）的研究，通過構建門檻迴歸模型探討資本帳戶開放、初始條件和開放綜合效應三者的關係。式（4.1）和式（4.2），給出了資本帳戶開放經濟增長和金融風險的基準模型：

$$Y_{it} = \alpha + \beta Cal_{it} + \theta X_{it} + \xi_{it} \qquad (4.1)$$

$$C_{it} = \alpha' + \beta' Cal_{it} + \theta' X_{it} + \xi'_{it} \qquad (4.2)$$

$$\theta = (\theta_1, \theta_2, \theta_3, \theta_4) ; X_{it} = (X1_{it}, X2_{it}, X3_{it}, X4_{it})$$

其中，Y_{it} 表示 i 國在第 t 年的經濟增長量，是資本帳戶開放收益的代理指標；C_{it} 表示 i 國在第 t 年裡的外匯市場壓力指標，是資本帳戶開放成本的代理指標；Cal_{it} 表示 i 國在第 t 年裡的資本帳戶開放程度；X_{it} 為控制變量；ξ_{it} 為誤差項，滿足均值為零和有限方差 σ^2 的獨立同分佈的隨機擾動。

本書基於基準模型，引入某一初始條件指標作為門檻變量，構建資本帳戶開放的收益和成本單重門檻模型，具體如式（4.3）和式（4.4）所示：

$$Y_{it} = \alpha + \beta_1 Cal_{it} I(q_{it} \leq \gamma) + \beta_2 Cal_{it} I(q_{it} > \gamma) + \theta X_{it} + \xi_{it} \quad (4.3)$$

$$C_{it} = \alpha' + \beta_1' Cal_{it} I(q_{it} \leq \gamma) + \beta_2' Cal_{it} I(q_{it} > \gamma) + \theta' X_{it} + \xi_{it}' \quad (4.4)$$

其中，q_{it} 為門檻變量，是某一初始條件的代理指標；γ 為門檻值（TV）。在上述門檻模型中，如果 $\beta_1 \neq \beta_2 (\beta_1' \neq \beta_2')$，則表明該模型為有效門檻模型，即特定初始條件存在門檻作用。換言之，當特定的初始條件發生變化時，資本帳戶開放對應變量的解釋程度也發生相應的變化。

4.3.2 樣本、變量及數據說明

考慮到數據的可得性和代表性，本書借鑑張明等（2014）的研究，選取全球 52 個國家和地區作為樣本，具體包括 22 個發達經濟體（美國、瑞典、英國、義大利、愛爾蘭、日本、德國、西班牙、紐西蘭、加拿大、法國、瑞士、葡萄牙、荷蘭、丹麥、希臘、韓國、冰島、以色列、新加坡、芬蘭、香港）和 30 個新興經濟體（中國、印度、巴西、馬來西亞、俄羅斯、南非、印度尼西亞、土耳其、匈牙利、菲律賓、泰國、波蘭、白俄羅斯、羅馬尼亞、保加利亞、挪威、烏克蘭、拉脫維亞、立陶宛、馬其頓、摩洛哥、墨西哥、阿根廷、智利、秘魯、哥倫比亞、伯利茲、玻利維亞、約旦、模里西斯）。

本書借鑑 Barro（1991，1996，2013）、Garita 和 Zhou（2009）、鄧敏和藍發欽（2013）的研究，在資本帳戶開放經濟增長模型中，用人均國內生產總值增長率代替經濟增長的變量作為模型的被解釋變量，用人均教育年限、初始人均國內生產總值、平均投資率、人口增長率等作為模型的控制變量。在資本帳戶開放成本模型中，本書採用外匯市場壓力指數（EMPI）替代開放成本的代理變量作為被解釋變量；GDP 增長率、國內外利率差以及經常項目餘額占 GDP 比重作為模型的控制變量。

1. 被解釋變量

人均國內生產總值增長率（PGDPR）：該指標的值通過對有關經濟增長的文獻梳理得出，大部分的研究都是採用人均國內生產總值增長率作為經濟增長的衡量指標，該指標最大的優勢在於排除了人口基數對一國經濟規模的影響。

同样，本书采用该指标作为经济增长的代理变量纳入资本帐户开放的收益模型。本书采用经购买力平价调整后以美元计价的人均国内生产总值数据，通过对其取自然对数，然后差分得到实际人均 GDP 增长率，数据主要来源于世界银行 WDI 数据库。

外汇市场压力指数（EMPI）：资本帐户开放引致跨境资本自由流动，这对本国货币的币值稳定性带来冲击，因此，本国币值的不稳定性对一国资本帐户开放的风险有着十分重要的影响。借鉴 Garita 和 Zhou（2009）、程惠芳等（2016）的研究，本书构建外汇市场压力指数来量化本国币值的稳定性，并作为金融风险的代理变量纳入资本帐户开放的成本模型，具体数据来源于国际货币基金组织 IFS 数据库。

$$\text{EMPI}_{it} = \frac{\Delta e_{it}/e_{it}}{\sigma_e} - \frac{\Delta r_{it}/r_{it} - \Delta r_{ust}/r_{ust}}{\sigma_r}$$

其中，EMPI_{it} 表示的是外汇市场压力指数，衡量外汇市场压力，当 EMPI_{it} 大于零时，表示外汇市场存在压力，且该数值越大表明外汇市场的压力越大；e_{it} 表示的是在直接标价法下，开放国货币对美元的汇率，$\Delta e_{it}/e_{it}$ 表示的是汇率的相对变动率，正值表示开放国本币贬值，负值表示开放国本币升值；r_{it} 表示的是国际储备，$\Delta r_{it}/r_{it}$ 衡量的是开放国国际储备的相对变动率，$\Delta r_{ust}/r_{ust}$ 衡量的是美国国际储备的相对变动率，当 $\Delta r_{it}/r_{it}$ 与 $\Delta r_{ust}/r_{ust}$ 之差为正值时，意味着开放国国际储备相对增加，当 $\Delta r_{it}/r_{it}$ 与 $\Delta r_{ust}/r_{ust}$ 之差为负值时，意味着开放国国际储备相对减少。

2. 资本帐户开放程度指数

根据第三章对资本帐户开放程度核算方法的比较可以发现，法规指标存在划分简单、信息来源前后不一致以及难以进行跨国比较等缺点。因此，本节实证分析中采用事实法测度资本帐户开放度，具体数据取自第三章的计算结果。此外，为了估计资本帐户各子领域的门槛值，本书借鉴 Lane 和 Milesi-Ferretti（2001）的研究，用一国 FDI、股本证券投资资本和债务资本跨境流动总量与 GDP 的比值表示资本帐户各子领域的开放度。

3. 初始条件变量

金融发展（FD）：大多数文献对金融发展的量化主要是通过广义货币占 GDP 的比重来实现的，但 Levine 等（2008）、董青马和卢满生（2010）认为对许多发达经济体而言，其证券市场和债券市场都比较发达，流动性需求者通常可以通过证券市场或债券市场获得资本，从而降低其对广义货币的需求。为更合理地量化金融发展指标，本书用样本国（地区）广义货币 M2 和股票市值之

和與 GDP 的比值來衡量金融發展指數，具體數據來源於 EPS 全球宏觀經濟數據庫。

制度質量（IQ）：國際上較有權威性的制度質量量化數據主要有世界銀行發布的「全球治理指數」（WGI）和《國際國別風險指南》（ICRG）發布的「國家風險指數」。本書使用世界銀行 WGI 數據庫，該數據庫主要包括六個具體指標以衡量制度質量：控制腐敗能力（control of corruption），民眾話語權（voice and accountability），政治穩定程度（political stability no violence），法治水準（rule of law），公共部門效力（government effectiveness），管制能力（regulatory quality）。本書將該六個子指標計算得到的算術平均值作為本章實證分析中制度質量的量化值。

貿易開放程度指數（TO）：貿易開放度的衡量指標為進出口貿易總額占名義 GDP 的比重（Wacziarg et al., 2008），具體數據主要來源於 EPS 全球宏觀經濟數據庫。

宏觀經濟政策指標：本書採用 CPI 波動（MP）衡量貨幣政策情況，採用政府支持占 GDP 比重（GOV）衡量財政政策情況，採用各國外匯儲備（除黃金儲備）占 GDP 比重衡量外匯儲備情況（RE），相關數據來源於 IMF。本書基於 Ilzetzki 等（2008）定義的法定匯率制度分類指標，將匯率制度按照匯率彈性從低到高分為 13 類。

4. 控制變量

初始人均國內生產總值（IPGDP）：本書將樣本期各國人均 GDP 進行自然對數化，用來衡量初始人均國內生產總值，相關數據來源於世界銀行 WDI 數據庫。

人均教育年限（TY）：受教育程度的高低會影響一國人力資源的發展，故本書採用人均受教育年限來表示一國人力資源的豐裕程度。需要特別指出的是，受大量數據缺失的影響，本書採用線性趨勢法來對缺失數據進行填補，具體數據來源於世界銀行 WDI 數據庫。

人口增長率（POP）：人口增長速度會影響到一國資本的深化，從而影響該國經濟增長。同時，人口上漲會對投資效應產生影響，使得部分投資演變成新增勞動力的資本，因此，預期較高的人口增長與經濟增長為負相關關係。

平均投資率（AIV）：本書選取樣本期當年國內總投資占名義 GDP 的比重來量化該變量，數據來源於世界銀行 WDI 數據庫。

通貨膨脹率（INF）：一國的通貨膨脹的衡量指標採用的是該國年度消費價格指數，相關數據來源於國際貨幣基金組織 WEO 數據庫。

經常項目餘額占 GDP 比重（CA）：一國經濟外部均衡狀況通過該國產品和服務的淨出口總額與名義 GDP 的比值進行衡量，具體數據來源於 EPS 全球宏觀經濟數據庫。

國內外利率差（IRS）：該指標為樣本國實際利率與美國實際利率之差，具體數據來源於世界銀行 WDI 數據庫。

4.3.3 模型參數的估計和檢驗

與一般線性迴歸模型不同的是，門檻迴歸模型在估計和檢驗等方面有兩個著重點，一個是門檻值的估計問題，一個是檢驗是否存在門檻效應。借鑑 Hansen（1999）的方法，本書首先對式（4.3）和式（4.4）做固定效應轉換，消除個體的固定效應 α 的影響，相應地，被解釋變量 Y 轉換為 Y^* 以及解釋變量 X 轉換為 X^*，那麼，解釋變量系數 β 的最小二乘法估計也相應地轉化為

$$\hat{\beta}(\gamma) = (X^*(\gamma)'X^*(\gamma))^{-1}X^*(\gamma)'Y^* \tag{4.5}$$

可以得到：

殘差向量 $\hat{\beta}^*(\gamma) = Y^* - X^*(\gamma)\hat{\beta}(\gamma)$

殘差平方和

$S_1(\gamma) = \hat{\varepsilon}^*(\gamma)'\hat{\varepsilon}^*(\gamma) = Y^{*'}(I - X^*(\gamma)'(X^*(\gamma)'X^*(\gamma))^{-1}X^*(\gamma)')Y^*$

門檻值 γ 的最小二乘估計值為：$\hat{\gamma} = \arg\min S_1(\gamma)$

Hansen（1999）運用格柵搜索法（grid search），得出最小殘差平方並有效估計出門檻值，在此基礎上，求解瞭解釋變量系數的估計 $\hat{\beta} = \hat{\beta}(\hat{\gamma})$，殘差向量的估計 $\hat{\varepsilon}^* = \hat{\varepsilon}^*(\hat{\gamma})$ 和殘差方差的估計 $\hat{\sigma}^2 = \hat{\varepsilon}^{*'}\hat{\varepsilon}^*/(N(T-1)) = S_1(\hat{\gamma})/(N(T-1))$。

接下來，本書需要探討門檻模型的設定是否符合實際情況，也就是從理論層面上升到實際應用層面，換言之，檢驗所設定的模型的門檻效應是否存在。對式（4.3）而言，門檻效應的原假設和備選假設分別為

$$H_0: \beta_1 = \beta_2 \text{ 和 } H_1: \beta_1 \neq \beta_2$$

基於原假設的條件，如果存在 $\beta_1 = \beta_2$，則表示門檻效應不存在，研究的模型是線性模型；如果存在 $\beta_1 \neq \beta_2$，則意味著模型的門檻效應是存在的，在不同的區間範圍內，系數 β_1 和 β_2 取值並不相同。基於原假設的情況，由於對模型的門檻參數不能有效估計，從統計層面可知，傳統的參數檢驗統計量的大樣本並沒有服從卡方分佈，而是服從有干擾參數影響的非標準分佈。Hansen（2000）通過對自助抽樣法（bootstrap）的研究，分析了似然比檢驗統計量的近似分佈，同時得出在原假設成立的情況下，檢驗統計量的大樣本服從均勻分

佈。在原假設情況下，令 S_0 為殘差平方和，這樣可以得到不存在門檻效應的原假設的似然比檢驗統計量為

$$F_1 = (S_0 - S_1(\hat{\gamma}))/\hat{\sigma}^2$$

其中，$\hat{\sigma}^2$ 代表殘差方差的估計值。

值得注意的是，上述對單重門檻模型估計和檢驗的方法同樣適用於多重門檻模型，且模型的估計和檢驗原理均是一致的（Hansen，2000）。

4.4 實證結果與分析

本節首先在不考慮門檻效應的情況下，對資本帳戶開放的經濟增長效應和金融風險效應做基準迴歸，以檢驗模型構建以及變量選取的合理性；其次，將各初始變量作為門檻變量納入模型，考察各門檻因素對資本帳戶開放與經濟增長和金融風險之間關係的影響，並估計出各初始變量的門檻值；最後，將資本帳戶各子領域開放程度變量作為資本帳戶開放程度的替代變量，納入資本帳戶開放的經濟增長效應和金融風險效應門檻模型，估算出資本帳戶各子領域開放的初始條件門檻水準，為檢驗資本帳戶各子領域的最佳開放次序奠定基礎。

4.4.1 基準模型線性迴歸

為檢驗變量選取的合理性，本節首先在不考慮門檻效應的條件下，對資本帳戶開放的經濟增長效應的基準模型進行迴歸，具體模型如下：

$$\text{PGDPR}_{it} = \alpha + \beta Cal_{it} + \theta_1 \text{IPGDP}_{it} + \theta_2 \text{POP}_{it} + \theta_3 \text{TY}_{it} + \theta_4 \text{AIV}_{it} + \xi_{it}$$

經濟增長估計結果如表 4-1 所示。從表 4-1 的估計結果可以看出，模型（1）在控制其他解釋變量時，資本帳戶開放對經濟增長存在負向的作用，且彈性系數為-0.000,5，但從表 4-1 中可知，系數統計檢驗並不十分顯著。從控制變量的角度來分析，初始人均 GDP 系數估計值為負數，表明較低人均GDP 的國家的經濟增長率可能相對較高，同時人口增長率的系數估計值也為負數，說明人口增長率較低的國家的經濟增長率也可能相對較高，進一步說，它意味著經濟增長具有收斂性；而人均受教育年限和平均投資率對經濟增長存在正向的作用，說明人均受教育年限和平均投資率與經濟增長正相關，人力資本和實物資本是經濟增長的主要動力。此外，將模型（1）中資本帳戶開放指數變量替換成直接投資資本、股本證券投資資本、債務資本跨境流動總量納入模

型①，可得出相應迴歸結果，即表4-1中模型（2）—（4）的迴歸結果。從模型（2）、模型（3）和模型（4）的迴歸結果看，控制變量在資本帳戶各子領域的基準模型中也起到了較高的控制作用，直接投資類項目、股本證券類項目的開放能夠促進開放國經濟增長，而債券類項目的開放則會對開放國經濟增長起負面影響，這與一般理論分析的結果相一致。就此而言，本書基準模型及相應變量的選取是合理的。

表4-1　經濟增長模型基準線性迴歸結果

變量	模型（1）	模型（2）	模型（3）	模型（4）
資本帳戶開放指數（Cal）	$-0.000,5$ $(0.000,6)$			
直接投資資本		$0.302,1^{**}$ $(0.147,7)$		
股本證券投資資本			$0.001,1$ $(0.001,4)$	
債務資本跨境流動總量				$-0.211,7$ $(0.194,2)$
初始人均GDP（IPGDP）	$-0.569,2^{***}$ $(0.180,5)$	$-0.420,7^{*}$ $(0.247,1)$	$-0.771,2^{**}$ $(0.428,4)$	$-0.560,7^{**}$ $(0.267,2)$
人口增長率（POP）	$-0.715,9^{***}$ $(0.163,8)$	$-0.809,4^{**}$ $(0.377,9)$	$-0.069,5^{***}$ $(0.009,9)$	$-1.445,1^{**}$ $(0.802,2)$
人均受教育年限（TY）	$0.660,8^{***}$ $(0.130,8)$	$0.441,8^{***}$ $(0.029,4)$	$0.507,8^{**}$ $(0.250,3)$	$0.003,7$ $(0.007,4)$
平均投資率（AIV）	$0.246,1^{***}$ $(0.019,2)$	$1.402,1^{***}$ $(0.116,8)$	$1.113,7$ $(1.205,7)$	$0.881,7^{*}$ $(0.459,1)$

註：*、**和***分別表示在10%、5%和1%顯著性水準上通過檢驗。

同樣地，本書在不考慮門檻效應的條件下，對資本帳戶開放的金融風險效應的基準模型進行迴歸，具體模型如下：

$$\text{EMPI}_{it} = \alpha + \beta Cal_{it} + \theta_1 \text{PGDPR}_{it} + \theta_2 \text{CA}_{it} + \theta_3 \text{IRS}_{it} + \xi_{it}$$

從表4-2的迴歸結果中我們可以發現，資本帳戶開放對金融風險有正向影響，該實證結果與前文研究結論「資本帳戶開放會引致金融風險」是相一致的。從控制變量的角度來分析，經濟增長的迴歸係數為負數，說明對於經濟

---

① 在模型（2）、模型（3）和模型（4）的實證分析中，直接投資資本的量化方法是用樣本國當年外商直接投資量與對外直接投資量的總和除以名義GDP；股本證券投資資本的量化方法是用樣本國當年對外證券投資額與對內證券投資額的總和除以名義GDP；債務資本跨境資本流動的量化方法是用對內債券投資額與對外債券投資額的總和除以名義GDP。

增長速度較快的國家而言，資本帳戶開放會降低該國爆發金融風險的可能性；同時經常項目餘額占 GDP 比重的迴歸係數為負數，說明對於經常項目處於盈餘狀態的國家而言，資本帳戶開放也會降低該國爆發金融風險的可能性；而國內外利率差對金融風險的影響並不顯著。此外，如經濟增長模型一樣，將直接投資資本、股本證券投資資本以及債務資本跨境流動總量作為資本帳戶開放的替代變量分別進行迴歸，考察資本帳戶各子領域開放與金融風險之間的關係。從表 4-2 中模型（6）—（8）的迴歸結果可以看出，直接投資類項目的開放可以降低開放國發生金融風險的概率，而股本證券類和債券類項目的開放則會增加開放國發生金融風險的可能性，這意味著直接投資類項目開放帶來的風險較低，而其他類項目的開放給開放國經濟帶來的衝擊會更大。金融風險基準模型的線性迴歸結果與前人研究所得結果以及理論分析相一致，說明本書資本帳戶開放的金融風險模型的設定也是合理的。

表 4-2　金融風險模型基準線性迴歸結果

變量	模型（5）	模型（6）	模型（7）	模型（8）
資本帳戶開放指數（Cal）	0.000,6** (0.000,3)			
直接投資資本		-0.210,3** (0.105,1)		
股本證券投資資本			0.010,2 (0.100,5)	
債務資本跨境流動總量				0.002,6* (0.001,6)
經濟增長速度（PGDPR）	-0.061,1*** (0.005,1)	-0.531,6* (0.312,7)	-0.080,3** (0.033,4)	-0.651,6** (0.283,3)
經常項目餘額占 GDP 比重（CA）	-0.015,2** (0.000,7)	-1.610,5 (1.789,4)	-0.170,6* (0.094,5)	-0.746,2** (0.324,4)
國內外利率差（IRS）	0.000,0 (0.130,8)	— —	— —	— —

註：*、** 和 *** 分別表示在 10%、5% 和 1% 顯著性水準上通過檢驗。

4.4.2　加入初始條件的門檻迴歸

下面將從貿易開放、制度質量、金融發展和宏觀經濟政策等門檻因素的角度來實證研究資本帳戶開放程度與經濟增長之間的關係。本書借鑑 Hansen（1999）的方法，首先通過單重門檻迴歸模型的構建，然後對模型進行 1,000

次 bootstrap 抽樣，最後得到模型的具體的 F 統計量和臨界值①。

在式（4.3）和式（4.4）的基礎上，本書在資本帳戶開放的經濟增長和金融風險門檻模型中引入貿易開放、制度質量、金融發展和宏觀經濟政策等門檻因素。具體如下：

$$\text{PGDPR}_{it} = \alpha_{it} + \beta_1 \text{FO}_{it} I(q_{it} \leq \gamma) + \beta_2 \text{FO}_{it} I(q_{it} > \gamma) + \\ \theta_1 \text{IPGDP}_{it} + \theta_2 \text{POP}_{it} + \theta_3 \text{TY}_{it} + \theta_4 \text{AIV}_{it} + \xi_{it} \quad (4.6)$$

$$\text{EMPI}_{it} = \alpha_{it} + \beta_1 \text{FO}_{it} I(q_{it} \leq \gamma) + \beta_2 \text{FO}_{it} I(q_{it} > \gamma) + \\ \theta_1 \text{PGDPR}_{it} + \theta_2 \text{CA}_{it} + \theta_3 \text{IRS}_{it} + \xi_{it} \quad (4.7)$$

其中，FO_{it} 為資本帳戶開放的代理變量；$I(\bullet)$ 為模型的示性函數；q_{it} 為門檻變量，是某一初始條件的代理變量；γ 為相應初始條件的門檻值。

如表 4-3 所示，以金融發展初始條件為門檻變量，在 1% 的水準上，金融發展單重門檻效應以及金融發展三重門檻效應均通過顯著檢驗，而雙重門檻效應在 5% 的水準上能通過顯著檢驗。基於對樣本量的考慮，對於三重門檻模型而言，每一個樣本區間子樣本量僅占總樣本的 8%，這樣區間的樣本量較少；同時，從門檻條件的作用效應來看，不論是雙重門檻還是三重門檻，金融發展對資本帳戶開放的增長作用特徵不變。基於此，本書採用雙重門檻效應模型作為研究模型。

表 4-3　門檻效應檢驗結果

項目	F 值	P	臨界值 90%	95%	99%
單重門檻效應	11.4	0.000,4	2.86	3.93	6.3
雙重門檻效應	4.98	0.024	2.63	3.76	6.12
三重門檻效應	7.95	0.008	2.61	3.64	7.11

確定本書模型為雙重門檻效應模型後，本書對門檻值進行估計，結果如表 4-4 所示，金融發展的第一門檻估計值為 114，第二門檻估計值為 220。同時，借鑑顧乃康和王貴銀（2012）的方法可以得出每一門檻值 95% 水準的置信區間。

---

① 借鑑 Hansen（1999）的研究，雙重門檻和多重門檻可以從基準模型和單重門檻模型簡單地推廣得到，單重門檻、雙重門檻、三重門檻模型的實證分析、檢驗原理以及門檻效應都是一樣的。

表 4-4　金融發展門檻估計值結果

項目	門檻估計值	95%水準置信區間
第一門檻	114	[103.036,5，118.084,1]
第二門檻	220	[187.288,3，263.049,5]

　　基於金融發展雙重門檻效應模型，我們可以得出資本帳戶開放的經濟增長門檻效應的估計，具體迴歸結果見表 4-5。可以發現，在金融發展的作用下，資本帳戶開放對樣本國經濟增長的影響存在明顯的「階梯特徵」。當金融發展指標低於門檻值 114，即開放國金融發展初始條件處在較低水準時，資本帳戶開放的彈性系數為-0.000,7，且並不顯著，說明資本帳戶開放對經濟增長起到抑製作用；當金融發展指標介於 114 和 220 之間，即開放國金融發展初始條件超過第一門檻而處於中等水準時，資本帳戶開放對經濟增長的彈性系數為 0.003,2，具有正向促進作用；當金融發展指標高於 220，即開放國金融發展初始條件處於較高水準時，資本帳戶開放對經濟增長的彈性系數為 0.012,6，約是金融發展處於中等水準的國家的 4 倍，具有更加明顯的促進作用。雙重門檻實證分析的結果表明，資本帳戶開放對經濟發展起到促進作用的程度與開放國金融發展初始條件相關，在金融發展水準較低的國家開放資本帳戶，經濟增長效應會大幅下降，甚至出現負效應；而金融發展初始條件越高的國家，開放資本帳戶會獲得越大的經濟增長效應。

　　此外，本書構建衡量制度質量、貿易開放度、宏觀經濟政策（政府支出占 GDP 比重、外匯儲備占 GDP 比重、匯率制度、通貨膨脹）等初始條件對資本帳戶開放經濟增長效應的影響的雙重門檻模型並對模型進行分析，具體的迴歸結果如表 4-5 所示。從表 4-5 中可知，在制度質量的作用下，資本帳戶開放對經濟增長的影響呈現出「倒 U 形」門檻作用。當開放國制度質量處於較低水準時（制度質量指標低於門檻值-0.74）或較高水準時（制度質量指標高於門檻值-0.08），資本帳戶開放對經濟增長均起到抑製作用；只有當制度質量處於中等水準時（制度質量指標位於-0.74 和-0.08 區間內），資本帳戶開放對經濟增長才起促進作用，且彈性系數為 0.007,2。在貿易開放的門檻模型迴歸中我們可以發現，只有當一國貿易開放初始條件處於較低水準時（貿易開放指標低於門檻值 24），資本帳戶開放對經濟發展才能起到促進作用，且彈性系數為 0.001,1；當一國貿易開放初始條件高於門檻值 24 且低於門檻值 97 時，資本帳戶開放對經濟增長起抑製作用，且彈性系數為-0.004,3；當貿易初始條件高於門檻值 97 時，資本帳戶開放對經濟增長的抑製作用會進一步增強，彈性系數達到-0.027,11。

表 4-5 引入初始條件的資本帳戶開放的經濟增長效應門檻模型迴歸結果

門檻變量	金融發展	制度質量	貿易開放	政府支出占GDP比重	外匯儲備占GDP比重	匯率制度	通貨膨脹
	雙重門檻	雙重門檻	雙重門檻	雙重門檻	雙重門檻	雙重門檻	雙重門檻
門檻值	(114, 220)	(−0.74, −0.08)	(24, 97)	(11, 22)	(5, 20)	(2.1, 13.1)	(9.2, 14.7)
	0.012, 6*** (TV>220)	−0.004, 1 (TV>−0.08)	−0.027, 11*** (TV>97)	0.006, 7* (TV>22)	−0.001, 5* (TV>20)	−0.006, 1* (TV>13.1)	−0.003, 5** (TV>14.7)
資本帳戶開放指數	0.003, 2* (114≤TV≤220)	0.007, 2* (−0.74≤TV≤−0.08)	−0.004, 3* (24≤TV≤97)	−0.000, 2 (11≤TV≤22)	0.002, 2** (5≤TV≤20)	0.004, 3** (2.1≤TV≤13.1)	−0.008, 4** (9.3≤TV≤14.7)
	−0.000, 7 (TV<114)	−0.009, 2* (TV<−0.74)	0.001, 1* (TV<24)	−0.004, 2* (TV<11)	0.000, 3 (TV<5)	0.000, 6 (TV<2.1)	0.000, 5 (TV<9.2)
初始人均GDP	−0.718, 4* (0.396, 9)	−0.829, 6** (0.341, 5)	−0.807, 1** (0.336, 2)	−0.683, 6*** (0.037, 9)	−1.540, 7*** (0.128, 3)	−1.801, 4* (0.094, 8)	−2.240, 1 (3.104, 1)
人口增長率	−0.920, 7** (0.418, 5)	−1.110, 7 (1.231, 4)	−0.941, 7*** (0.078, 2)	−1.109, 4*** (0.092, 4)	−1.213, 8** (0.527, 7)	−1.334, 1** (0.555, 8)	−1.100, 7*** (0.500, 4)
人均受教育年限	0.770, 9 (0.550, 6)	0.903, 2* (0.519, 0)	0.994, 5*** (0.090, 4)	0.666, 7 (0.717, 2)	0.729, 4 (0.006, 4)	0.881, 4*** (0.000, 3)	0.610, 5*** (0.001, 1)
平均投資率	0.186, 4* (0.103, 5)	0.190, 6*** (0.009, 4)	0.330, 4* (0.150, 1)	0.165, 2** (0.075, 1)	0.175, 3** (0.103, 1)	0.119, 2*** (0.000, 2)	0.177, 2*** (0.001, 4)

註：TV 表示門檻值；括號內數值為標準差；*、**和***分別表示在10%、5%和1%顯著性水準上通過檢驗。

4 資本帳戶開放的條件分析 45

從表 4-5 的迴歸結果中我們還可以發現，從宏觀經濟政策的門檻作用的角度來看，隨著宏觀經濟政策的變化，其對資本帳戶開放的經濟增長效應的影響也隨之變化，良好的宏觀經濟政策初始條件對一國資本帳戶開放的經濟增長效應具有較好的促進作用。政府支出方面，政府支出占 GDP 比重對資本帳戶開放的經濟增長效應的影響具有明顯的「階梯特徵」，當政府支出高於門檻值 22，即政府支出占 GDP 比重處於較高水準時，資本帳戶開放的彈性係數為 0.006,7，表明資本帳戶開放對經濟增長具有促進作用；而政府支出占 GDP 比重處於中等水準時（處於兩個門檻值 11 和 22 之間），資本帳戶開放對經濟增長起抑製作用，彈性係數為-0.000,2；當政府支出小於門檻值 11，即政府支出占 GDP 比重處於較低水準時，資本帳戶開放的彈性係數為-0.004,2，表明資本帳戶開放對經濟增長存在進一步的抑製作用。在外匯儲備方面，外匯儲備對資本帳戶開放的經濟增長效應產生「倒 U 形」的影響。當外匯儲備占 GDP 比重處於較低水準時（低於門檻值 5），資本帳戶開放對經濟增長起促進作用，且彈性係數為 0.000,3；當外匯儲備占 GDP 比重值處於中等水準時（介於門檻值 5 和 20 之間），資本帳戶開放的彈性係數增長至 0.002,2，表明資本帳戶開放對經濟增長效應的促進作用進一步加強，是處於低水準的國家的 7 倍之多；而當外匯儲備占 GDP 比重超過門檻值 20，處於較高水準時，資本帳戶開放對經濟增長則起到抑製作用。匯率制度方面，當匯率制度指標小於 2.1，即匯率制度為固定匯率制度時，資本帳戶開放的彈性係數為 0.000,6，表明資本帳戶開放對經濟增長具有促進作用；當匯率制度指標介於門檻值 2.1 和 13.1 之間，即匯率制度為中等彈性時，資本帳戶開放的彈性係數為 0.004,3，表明資本帳戶開放對經濟增長具有進一步的促進作用；而當匯率制度為完全浮動匯率制度時（匯率制度指數高於 13.1），資本帳戶開放對經濟增長起抑製作用。通貨膨脹方面，當通貨膨脹處於較低水準時（低於門檻值 9.2），資本帳戶開放對經濟增長起促進作用，而當通貨膨脹處於中等水準或者較高水準時，資本帳戶開放對經濟增長均起到抑製作用。

通過對各初始條件異質性對資本帳戶開放的經濟增長效應的影響結果進行分析可知，當金融發展、制度質量、貿易開放以及宏觀經濟政策等初始條件滿足一定的門檻條件，即處在一定的門檻值區域內時，資本帳戶開放對經濟增長的促進作用會更加顯著。為此，我們在探討資本帳戶「要不要開放」「何時開放」等問題時，離不開對開放國初始條件的討論。

接下來，本書將進一步考慮初始條件異質性對資本帳戶開放成本效應的影

響，研究金融發展、制度質量、貿易開放以及宏觀經濟政策等初始條件對資本帳戶開放與開放國金融風險的影響機理，具體迴歸結果如表4-6所示。

金融發展方面。本書借鑑 Hansen (1999) 的方法，通過對模型進行 1,000 次 bootstrap 抽樣檢驗得到具體的 F 統計量和臨界值，從而確定了金融發展對資本帳戶開放的金融風險效應的影響適用於單重門檻模型。當開放國金融發展初始條件高於門檻值156時，資本帳戶開放與金融風險之間呈現負向影響關係；當開放國金融發展初始條件低於門檻值156時，資本帳戶開放與金融風險之間的影響關係為正相關關係。這意味著資本帳戶開放與金融風險之間的關係受金融發展初始條件狀況的影響顯著。金融發展初始條件較好的國家，開放資本帳戶引發金融風險的可能性較小；而金融發展初始條件較差的國家，開放資本帳戶引發金融風險的可能性較大。

制度質量方面。制度質量對資本帳戶開放金融風險效應的影響適用於雙重門檻模型。當制度質量指標處在較高（大於門檻值0.32）或較低水準（小於門檻值-1.02）時，資本帳戶開放對開放國產生金融風險的可能性都有提升作用；而當制度質量指標處於中等水準時（介於門檻值-1.02和0.32之間），資本帳戶開放對金融風險的爆發具有抑製作用。

貿易開放方面。當開放國貿易開放程度處於較低水準時（貿易開放指標低於門檻值27），開放資本帳戶會顯著地提高發生金融風險的概率；當開放國貿易開放初始條件處於中等水準時（貿易開放指標介於門檻值27和101之間），開放資本帳戶會提高金融風險發生的概率，但提高程度會顯著地低一些，約是貿易開放程度較低的國家的25%；而貿易開放初始條件較高的國家，開放資本帳戶會降低金融風險的爆發概率。根據貿易開放對資本帳戶開放的金融風險效應的影響，貿易開放程度越高的國家，資本帳戶開放引發金融風險的概率越小。

宏觀經濟政策方面。不同的宏觀經濟政策對資本帳戶開放的金融風險效應的影響也不相同。政府支出占GDP比重、匯率制度和通貨膨脹對資本帳戶開放的金融風險效應的影響均呈現出「倒U形」特徵，而外匯儲備占GDP比重對資本帳戶開放的金融風險效應的影響呈「階梯型」特徵。當政府支出占GDP比重處於較低水準（低於門檻值9）時，資本帳戶開放會導致發生金融風險的概率增加；當政府支出占GDP比重處於中等水準時（介於門檻值9和15.6之間），資本帳戶開放會對金融風險爆發起抑製作用；當政府支出占GDP比重處於較高水準時（高於門檻值15.6），資本帳戶開放會對金融風險爆發起促進作用。同時，對於匯率制度和通貨膨脹而言，其對資本帳戶開放的金融風

表 4-6 引入初始條件的資本帳戶開放的金融風險效應門檻模型迴歸結果

門檻變量	金融發展	制度質量	貿易開放	政府支出占GDP比重	外匯儲備占GDP比重	匯率制度	通貨膨脹
				宏觀經濟政策			
門檻值	單重門檻 (156)	雙重門檻 (−1.02, 0.32)	雙重門檻 (27, 101)	雙重門檻 (9, 15.6)	雙重門檻 (3, 11)	雙重門檻 (2.2, 9.2)	雙重門檻 (2, 7.4)
	−0.002.4* (0.017.5) (TV≤156)	0.000.9 (0.066.3) (TV>0.32)	−0.000.1 (0.025.2) (TV>101)	0.004.8* (0.003.8) (TV>15.6)	−0.001.3* (0.128.3) (TV>11)	0.000.2 (0.094.8) (TV>9.2)	0.002.8** (0.028.1) (TV>7.4)
資本帳戶開放指數	0.001.5** (0.005.8) (TV≤156)	−0.005.9* (0.006.1) (−1.02≤TV≤−0.32)	0.002.2** (0.015.1) (27≤TV≤101)	−0.002.2** (0.012.2) (9≤TV≤15.6)	0.002.4** (0.527.7) (3≤TV≤11)	−0.004.6** (0.555.8) (2.2≤TV≤9.2)	−0.001.1** (0.005.5) (2≤TV≤7.4)
		0.003.4** (0.103.5) (TV<−1.02)	0.008.1* (0.002.7) (TV<27)	0.000.8*** (0.010.9) (TV<9)	0.006.1 (0.111.4) (TV<3)	0.000.8** (0.006.3) (TV<2.2)	0.000.1 (0.000.0) (TV<2)
經濟增長	−0.038.6**	−0.036.6**	−0.058.1**	−0.057.8***	−1.540.7***	−1.801.4***	−0.058.9***
經常項目盈餘占GDP比重	−0.012.7** (0.005.8)	−0.013.9** (0.006.1)	−0.025.8* (0.015.1)	−0.011.7 (0.012.2)	−1.213.8** (0.527.7)	−1.334.1** (0.555.8)	−0.011.7** (0.005.5)
國內外利率差	0.000.0 (0.000.2)	0.000.0 (0.103.5)	0.000.0 (0.002.7)	0.000.0 (0.010.9)	0.000.0 (0.111.4)	0.000.0 (0.006.3)	0.000.0 (0.000.0)

註：TV 表示門檻值；括號內數值為標準差；*、** 和 *** 分別表示在 10%，5% 和 1% 顯著性水準上通過檢驗。

險效應的影響也具有與政府支出相同的門檻特徵。當匯率制度或通貨膨脹水準處於低水準時，資本帳戶開放會增加金融風險爆發的概率；當匯率制度或通貨膨脹水準處於中等水準時，資本帳戶開放會對金融風險爆發起抑製作用；當匯率制度或通貨膨脹水準處於較高水準時，資本帳戶開放又會對金融風險爆發的可能性起到增強作用。對外匯儲備占 GDP 比重來說，當外匯儲備占 GDP 比重處於較低水準時（低於門檻值 3），資本帳戶開放會導致金融風險爆發的可能性增加，且彈性系數為 0.006,1。當外匯儲備占 GDP 比重處於中等水準時（介於門檻值 3 和 11 之間），資本帳戶開放增強金融風險爆發可能性的彈性系數減少到 0.002,4。當外匯儲備占 GDP 比重處於較高水準時（高於門檻值 11），資本帳戶開放會對金融風險爆發起抑製作用。

基於上述研究，根據資本帳戶開放的經濟增長效應模型和資本帳戶開放的金融風險效應模型的實證結果，我們可以得出結論：開放國初始條件對資本帳戶開放綜合效應具有顯著影響。這一點印證了本章提出的理論假說 4.1。

4.4.3　加入初始條件的資本帳戶各子領域門檻迴歸

本書通過對初始條件與資本帳戶子領域開放效應門檻的模型構建，分析得到不同指標下初始條件的門檻值，這樣不僅可以有效評估資本帳戶各子領域開放的條件，也可以檢驗資本帳戶各子領域開放的最佳次序，為推進中國資本帳戶有序開放提供重要的學術支撐。根據上文中線性分析的結果（見表 4-1 和表 4-2）我們可以發現，資本帳戶開放具有結構性效應，直接投資和證券投資等長期資本風險較小，對開放國經濟增長具有顯著的促進作用；而債務資本等短期資本風險較大，並不具有顯著的經濟增長效應。更進一步地，本書對加入初始條件的資本帳戶各子領域開放的綜合效應模型進行對比分析，從而判斷資本帳戶子領域開放條件的差異。

本節將直接投資、股本證券投資、債務投資三個子領域的流入和流出兩個方向的共 6 個變量作為資本帳戶開放的代理指標，納入資本帳戶開放經濟增長模型和金融風險模型，估算出各子領域發揮「趨利避害」作用的門檻區間[①]。表 4-7 到表 4-12，給出了該 6 個變量作為資本帳戶開放代理變量的資本帳戶開放經濟增長模型和金融風險模型的迴歸結果。

---

① 具體而言，這 6 個變量為外商直接投資（外商直接投資總額占 GDP 比重）、對外直接投資（對外直接投資總額占 GDP 比重）、對內證券投資（股本證券流入總量占 GDP 比重）、對外證券投資（對外股本證券投資總額占 GDP 比重）、對內債務投資（債務資本流入總量占 GDP 比重）和對外債務投資（對外債務資本總額占 GDP 比重），具體數據來源於 IFS。

從這6個迴歸結果中我們可以清晰地看出，初始條件對資本帳戶各子領域開放具有顯著的經濟增長和金融風險門檻效應，且不同的資本帳戶開放類型的初始條件的門檻值也各不相同。以金融發展為例，對外直接投資和對外證券投資的門檻值高於外商直接投資和對內證券投資的門檻值，而對外債務投資的門檻值低於對內債務投資的門檻值。比較各經濟增長效應門檻模型的迴歸結果中的彈性係數大小可以發現，在對內開放方面，如果要獲得更高的經濟增長速度，外商直接投資的門檻值最低，對內證券投資居次，最後是對內債務投資。因此，在資本帳戶對內開放方面應遵循先直接投資、再股本證券投資、最後債務項目的開放順序，以獲得更高的經濟增長效應。在對外開放方面，對外債務開放獲得經濟增長所需的金融發展初始條件門檻值最低，對外直接投資居次，最後是對外證券投資。

　　與經濟增長效應門檻模型迴歸結果不同，在金融發展的門檻作用下，外商直接投資和對內證券投資降低發生金融風險概率的門檻值要高於對外直接投資和對外證券投資，而對外債務投資降低金融風險發生概率的門檻值要低於對內債務投資。比較各金融風險門檻模型的迴歸結果中的彈性係數的大小可以發現，如果要降低金融風險發生的概率，應首先放開外商直接投資，其次是加強對內股本證券投資，最後是放開對內債務投資。同時，制度質量、政府支出占GDP比重、通貨膨脹、外匯儲備占GDP比重以及匯率制度等門檻變量對資本帳戶開放的金融風險效應具有相同的影響。而在對外開放方面，在金融發展門檻作用下，首先應開放證券資本，其次是債券資本，最後是直接投資資本的流出。在制度質量門檻作用下，首先應開放債務資本，其次是直接投資資本，最後是證券資本。在貿易開放門檻作用下，首先應開放證券資本，其次是債務資本，最後是直接投資資本。

　　通過對資本帳戶各子領域經濟增長效應和金融風險效應門檻模型的分析，我們可以看出，資本帳戶開放具有顯著的結構性效應且各子領域開放存在顯著的門檻效應，這一點印證了前文理論分析中的假說4.2。基於實證結果，我們認為一國合理的資本開放次序策略為：在直接投資和股本證券投資類項目上，應先對內開放吸引國際資本流入，再對外開放讓國內資本走出去；在對內開放方面，應先開放直接投資類資本，再開放股本證券類資本，最後開放債務類資本；在對外開放方面，應先開放債務類資本，再開放股本證券類資本，最後開放直接投資類資本。

表 4-7 引入初始條件的外商直接投資經濟增長效應和金融風險效應門檻模型迴歸結果

門檻變量		金融發展	制度質量	貿易開放	政府支出占GDP比重	外匯儲備占GDP比重	匯率制度	通貨膨脹
		雙重門檻	單重門檻	雙重門檻	雙重門檻	單重門檻	雙重門檻	單重門檻
門檻值		(81, 147)	(0.58)	(19, 67)	(13, 20.7)	(3)	(1.2, 13.4)	(9.7)
經濟增長效應		0.097,8*** (TV>147)	0.019,1** (TV>0.58)	-0.264,8*** (TV>67)	0.057,1*** (TV>20.7)		-0.062,5*** (TV>13.4)	
	外商直接投資占GDP比重	0.030,2*** (81≤TV≤147)	-0.001,9 (TV≤0.58)	-0.007,1 (19≤TV≤67)	0.004,2 (13≤TV≤20.7)	-0.035,1** (TV>3)	0.032,4* (1.2≤TV≤13.4)	-0.068,8* (TV>9.7)
		-0.003,2 (TV<81)		0.015,2* (TV<19)	-0.035,9*** (TV<13)	0.023,4 (TV≤3)	0.003,1 (TV>1.2)	0.008,2 (TV≤9.7)
		雙重門檻	雙重門檻	單重門檻	雙重門檻	單重門檻	雙重門檻	雙重門檻
門檻值		(151, 224)	(-1.01, 0.62)	(46)	(15.3, 24.1)	(7.6)	(1.2, 11.9)	(6.7, 13)
金融風險效應		-0.025,3*** (TV>224)	0.003,6 (TV>0.62)	-0.008,4*** (TV>46)	0.014,1*** (TV>24.1)		0.004,2*** (TV>11.9)	0.003,1*** (TV>13)
	外商直接投資占GDP比重	-0.009,4*** (151≤TV≤224)	-0.019,2*** (-1.01≤TV≤0.62)	-0.039,1** (TV≤46)	-0.005,1 (15.3≤TV≤24.1)	-0.020,5** (TV>7.6)	-0.002,45 (1.2≤TV≤11.9)	0.006,1 (6.7≤TV≤13)
		0.004,4 (TV<151)	0.007,2 (TV<-1.01)		-0.017,9* (TV<15.3)	0.006,1* (TV≤7.6)	-0.004,1 (TV<1.2)	-0.010,1* (TV<6.7)

註：TV 表示門檻值；括號內數值為標準差；*、** 和 *** 分別表示在 10%、5% 和 1% 顯著性水準上通過檢驗。

4　資本帳戶開放的條件分析　51

表 4-8 引入初始條件的對外直接投資經濟增長效應和金融風險效應門檻模型迴歸結果

		門檻變量	金融發展	制度質量	貿易開放	政府支出占GDP比重	外匯儲備占GDP比重	匯率制度	通貨膨脹
							宏觀經濟政策		
經濟增長效應	門檻值		雙重門檻 (147, 209)	雙重門檻 (−1.01, 1.6)	單重門檻 (54)	單重門檻 (13)	雙重門檻 (4)	單重門檻 (1.2)	單重門檻 (32)
	對外直接投資占GDP比重		0.094,6*** (TV>209)	0.015,2 (TV>1.6)	−0.031,5 (TV>54)	0.043,3*** (TV>13)	−0.017,1 (TV>4)	0.024,3 (TV>1.2)	−1.327,1*** (TV>32)
			0.040,8* (147≤TV≤209)	−0.011,2 (−1.01≤TV≤1.6)	0.007,4 (TV≤54)	−0.009,8 (TV≤13)	0.009,1 (TV≤4)	−0.007,7** (TV≤1.2)	0.002,6 (TV≤32)
			−0.005,4 (TV<147)	−1.413,3** (TV<−1.01)					
金融風險效應	門檻值		雙重門檻 (150, 182)	雙重門檻 (0.13, 1.65)	雙重門檻 (31, 89)	雙重門檻 (14.9, 18.7)	雙重門檻 (0.83, 9.1)	雙重門檻 (1.2, 9.4)	單重門檻 (18.3)
	對外直接投資占GDP比重		−0.041,5*** (TV>182)	−0.114,1*** (TV>1.65)	−0.013,9*** (TV>89)	−0.008,4 (TV>18.7)	−0.020,1** (TV>9.1)	0.007,3 (TV>9.4)	0.153,1*** (TV>18.3)
			0.038,5* (150≤TV≤182)	−0.000,9 (0.13≤TV≤1.65)	0.008,6* (31≤TV≤89)	0.054,1* (14.9≤TV≤18.7)	0.013,6* (0.83≤TV≤9.1)	−0.037,3*** (1.2≤TV≤9.4)	0.002,1 (TV≤18.3)
			0.002,4 (TV<150)	0.009,9* (TV<0.13)	−0.174,2*** (TV<31)	0.001,6 (TV<14.9)	0.098,7 (TV<0.83)	−0.005,2 (TV<1.2)	

註：TV 表示門檻值；括號內數值為標準差；*、**和***分別表示在10%、5%和1%顯著性水準上通過檢驗。

表 4-9 引入初始條件的對內證券投資經濟增長效應和金融風險效應門檻模型迴歸結果

門檻變量		金融發展	制度質量	貿易開放	政府支出占GDP比重	外匯儲備占GDP比重	匯率制度	通貨膨脹
	門檻值	雙重門檻 (87, 209)	單重門檻 (-0.64)	單重門檻 (75)	單重門檻 (12)	單重門檻 (7)	雙重門檻 (1.2, 9.4)	單重門檻 (3)
經濟增長效應	對內證券投資占GDP比重	0.305,3*** (TV>209) 0.050,7** (87≤TV≤209) 0.004,6 (TV<87)	1.470,6** (TV>-0.64) 0.008,7 (TV≤-0.64)	0.004,3 (TV>75) 0.017,4** (TV≤75)	0.074,3** (TV>12) 0.009,1* (TV≤12)	0.036,6*** (TV>7) 0.000,1 (TV≤7)	0.006,2 (TV>9.4) 0.065,1*** (1.2≤TV≤9.4) 0.030,1 (TV<1.2)	0.002,9 (TV>3) 0.032,1* (TV≤3)
	門檻值	雙重門檻 (83, 182)	雙重門檻 (-0.02, 1.52)	雙重門檻 (33, 57)	雙重門檻 (10, 13.8)	雙重門檻 (7, 17.2)	雙重門檻 (1.2, 6.7)	雙重門檻 (4, 27.4)
金融風險效應	對內證券投資占GDP比重	-0.117,3** (TV>182) -0.000,9 (83≤TV≤182) 0.006,1*** (TV<83)	-0.132,5* (TV>1.52) -0.098,4*** (-0.02≤TV≤1.52) 0.004,9 (TV<-0.02)	-0.116,3*** (TV>57) 0.007,1 (33≤TV≤57) -0.004,1 (TV<33)	0.006,9*** (TV>13.8) -0.004,4* (10≤TV≤13.8) -0.028,2* (TV<10)	-0.022,3 (TV>17.2) -0.000,9 (7≤TV≤17.2) 0.007,3* (TV<7)	0.006,1*** (TV>6.7) -0.081,3* (1.2≤TV≤6.7) -0.010,1* (TV<1.2)	0.003,6 (TV>27.4) -0.070,1* (4≤TV≤27.4) -0.170,3** (TV<4)

註：TV 表示門檻值；括號內數值為標準差；*、** 和 *** 分別表示在 10%、5% 和 1% 顯著性水準上通過檢驗。

表 4-10 引入初始條件的對外證券投資經濟增長效應和金融風險效應門檻模型迴歸結果

門檻變量		金融發展	制度質量	貿易開放	政府支出占GDP比重	外匯儲備占GDP比重	匯率制度	通貨膨脹
					宏觀經濟政策			
經濟增長效應	門檻值	雙重門檻 (211, 247)	單重門檻 (-0.32)	單重門檻 (22)	單重門檻 (13)	單重門檻 (5)	單重門檻 (3.4)	單重門檻 (10.7)
	對外證券投資占GDP比重	0.068.3*** (TV>247)	0.007.7 (TV>-0.32)	-0.260.7 (TV>22)	0.015.1** (TV>13)	-0.007.9 (TV>5)	-0.000.9** (TV>3.4)	-1.282.7** (TV>10.7)
		0.033.3** (211≤TV≤247)	-1.000.2 (TV≤-0.32)	0.006.9 (TV≤22)	0.008.4 (TV≤13)	0.017.7** (TV≤5)	0.021.8* (TV≤3.4)	0.008.4 (TV≤10.7)
		0.001.1 (TV<211)						
金融風險效應	門檻值	雙重門檻 (54, 82)	單重門檻 (-0.96)	雙重門檻 (24, 97)	雙重門檻 (15.2, 18.8)	單重門檻 (6.2)	雙重門檻 (1.3, 9.4)	單重門檻 (38.7)
	對外證券投資占GDP比重	-0.030.7 (TV>82)	0.001.7** (TV>-0.96)	-0.006.2** (TV>97)	-0.008.4** (TV>18.8)	-0.008.7** (TV>6.2)	0.008.5** (TV>9.4)	2.095.1* (TV>38.7)
		0.170.2* (54≤TV≤82)	-0.330.3 (TV≤-0.96)	0.020.1 (24≤TV≤97)	0.017.2 (15.2≤TV≤18.8)	0.012.4** (TV≤6.2)	-0.020.1** (1.3≤TV≤9.4)	0.001.1 (TV≤38.7)
		0.004.1 (TV<54)		-0.003.1*** (TV<24)	0.001.6 (TV<15.2)		-0.005.6 (TV<1.3)	

註：TV 表示門檻值；括號內數值為標準差；*、** 和 *** 分別表示在 10%、5% 和 1% 顯著性水準上通過驗驗。

表 4-11 引入初始條件的對內債務投資經濟增長效應和金融風險效應門檻模型迴歸結果

門檻變量		金融發展	制度質量	貿易開放	政府支出占GDP比重	外匯儲備占GDP比重	匯率制度	通貨膨脹
	門檻值	雙重門檻 (132, 261)	單重門檻 (−0.62)	雙重門檻 (22, 95)	雙重門檻 (7, 13)	單重門檻 (4)	單重門檻 (14.2)	單重門檻 (5)
經濟增長效應		0.008,1** (TV>261)	−0.003,2** (TV>−0.62)	−0.037,2*** (TV>95)	−0.004,2** (TV>13)	−0.000,8* (TV>4)	−0.003,1* (TV≤14.2)	−0.004,1** (TV>5)
	對內債務投資占GDP比重	−0.007,3 (132≤TV≤261)	−0.016,3* (TV≤−0.62)	−0.009,1* (22≤TV≤95)	0.007,2* (7≤TV≤13)	−0.006,3*** (TV≤4)	0.334 (TV>14.2)	0.003,3 (TV≤5)
		−0.000,3 (TV<132)		−0.000,5 (TV<22)	−0.003,9 (TV<7)			
	門檻值	雙重門檻 (102, 217)	雙重門檻 (−0.94, 0.81)	雙重門檻 (20, 91)	雙重門檻 (8.4, 15.1)	單重門檻 (10.1)	雙重門檻 (4.2, 9.7)	雙重門檻 (6.7, 40.1)
金融風險效應		0.001,1** (TV>217)	0.002,1** (TV>0.81)	0.001,42 (TV>91)	0.011,2** (TV>15.1)	0.009,8* (TV>10.1)	0.011,2* (TV>9.7)	0.001,8** (TV>40.1)
	對內債務投資占GDP比重	0.002,9* (102≤TV≤217)	−0.004,7*** (−0.94≤TV≤0.81)	0.003,1** (20≤TV≤91)	−0.000,1 (8.4≤TV≤15.1)	0.004,4 (TV≤10.1)	−0.005,4 (4.2≤TV≤9.7)	0.005,5 (6.7≤TV≤40.1)
		0.003,6 (TV<102)	0.004,1* (TV<−0.94)	0.000,7 (TV<20)	0.001,8* (TV<8.4)		0.001,3 (TV<4.2)	0.000,3 (TV<6.7)

註：TV 表示門檻值；括號內數值為標準差；*、** 和 *** 分別表示在 10%、5% 和 1% 顯著性水準上通過檢驗。

4 資本帳戶開放的條件分析

表 4-12　引入初始條件的對外債務投資經濟增長效應和金融風險效應門檻模型迴歸結果

門檻變量		金融發展	制度質量	貿易開放	宏觀經濟政策			
					政府支出占GDP比重	外匯儲備占GDP比重	匯率制度	通貨膨脹
門檻值		雙重門檻 (66, 87)	單重門檻 (−0.33)	雙重門檻 (26, 101)	雙重門檻 (14, 22.4)	單重門檻 (7)	雙重門檻 (4.2, 16.2)	單重門檻 (22)
經濟增長效應	對外債務投資占GDP比重	0.043.8*** (TV>87) 0.011.3* (66≤TV≤87) −0.002 (TV<66)	0.043.8 (TV>−0.33) −0.031.2 (TV≤−0.33)	−0.080.4** (TV>101) −0.003.1 (26≤TV≤101) 0.004.7 (TV<26)	0.034.5*** (TV>22.4) −0.000.9 (14≤TV≤22.4) −0.015.9** (TV<14)	−0.000.7 (TV>7) 0.009.1 (TV≤7)	−0.042.3* (TV>16.2) 0.008.2 (4.2≤TV≤16.2) −0.000.2* (TV<4.2)	−0.066.8*** (TV>22) 0.000.4 (TV≤22)
門檻值		單重門檻 (92)	雙重門檻 (−0.96, −0.02)	雙重門檻 (32, 101)	雙重門檻 (10.2, 17)	雙重門檻 (6.1, 14)	雙重門檻 (3.2, 14.7)	單重門檻 (13)
金融風險效應	對外債務投資占GDP比重	−0.006.4*** (TV>92) 0.001.5 (TV≤92)	−0.006.2 (TV>−0.02) −0.021.3** (−0.96≤TV≤−0.02) 0.001.1 (TV<−0.96)	−0.001.3** (TV>101) 0.001.8* (32≤TV≤101) 0.018.9** (TV<32)	0.027.5** (TV>17) −0.001.7 (10.2≤TV≤17) 0.001.9** (TV<10.2)	−0.003.7* (TV>14) 0.000.3 (6.1≤TV≤14) 0.004.1 (TV<6.1)	0.030.3** (TV>14.7) −0.001.9 (3.2≤TV≤14.7) 0.002.4*** (TV<3.2)	0.022.4* (TV>13) 0.001.7* (TV≤13)

註：TV表示門檻值；括號內數值為標準差；*、**和***分別表示在10%，5%和1%顯著性水準上通過檢驗。

4.5　本章小結

　　本章通過構建資本帳戶開放的經濟增長效應和金融風險效應的門檻迴歸模型，對多個發達經濟體和新興經濟體2002—2013年的面板數據進行分析發現，一國宏觀經濟和政治環境層面的一系列初始條件狀況會對其資本帳戶開放的綜合效應造成影響，且具有顯著的「門檻效應」。

　　①金融發展方面。一國資本帳戶開放在促進經濟增長效應和抑制金融風險效應方面與該國金融發展初始條件水準密切相關：一國金融發展初始條件水準越高，該國資本帳戶開放的經濟增長效應會越大，對金融風險的發生也有較大的抑製作用。②制度質量方面。制度質量對資本帳戶開放經濟增長效應和金融風險效應均呈現出「倒U形」門檻作用：當一國制度質量水準較低時，資本帳戶開放對經濟增長具有抑製作用；當一國制度質量處於較高水準時，資本帳戶開放對經濟增長也具有抑製作用；只有當一國制度質量處於中等水準時，資本帳戶開放對經濟增長才起到促進作用。同樣地，當一國制度質量處於較高和較低水準時，資本帳戶開放對金融風險的爆發均會起到促進作用；只有當一國制度質量處於中等水準時，資本帳戶開放才會抑制或降低金融風險的發生。③貿易開放程度方面。貿易開放程度對資本帳戶開放的經濟增長效應和金融風險效應起作用的方向相反：一國資本帳戶開放程度對資本帳戶開放的經濟增長效應的作用呈「階梯遞增」特徵，而一國貿易開放程度對資本帳戶開放的金融風險效應的影響卻是呈「階梯遞減」特徵。④宏觀經濟政策方面。較低的通貨膨脹水準、適當的政府支出、合理的外匯儲備規模和較有彈性的匯率制度都會對資本帳戶開放的經濟增長效應起到較好的促進作用，對金融風險效應起到抑製作用。

　　本章在考察一系列初始條件對資本帳戶整體開放的經濟增長效應和金融風險效應具有「門檻效應」的基礎上進一步細化，將資本帳戶各子領域的開放變量作為替代變量納入資本帳戶開放綜合效應門檻模型。實證結果表明，一系列初始條件對資本帳戶各子領域開放的綜合效應也具有「門檻效應」。在追求綜合效應最大化的目標下，本書認為一國合理的資本帳戶開放次序為：在流出方向，應先開放債券資本項目，其次開放股本證券類項目，最後開放直接投資類項目；而在流入方向，應先開放直接投資類項目，其次開放股本證券類項目，最後開放債權資本類項目。

5 資本帳戶開放的時機抉擇

理論分析和開放實踐都反應出資本帳戶開放在滿足一系列初始條件的情況下才可能獲得更多的經濟增長和較小的金融風險。在資本帳戶開放綜合效應最大化的目標和原則下，一國資本帳戶開放決策的核心關注點是根據初始條件的變化，動態擇機安排與初始條件相符的開放次序和開放尺度，這也是資本帳戶開放的時機選擇的真實內涵。因此，建立一個有效的、能夠發揮開放的增長效應並減小開放風險的資本帳戶開放初始條件成熟度評估模型，對一國資本帳戶開放條件成熟度進行估計尤為重要。本章在上一章關於資本帳戶開放綜合效應門檻分析的實證結果基礎上，通過引入信號分析法，構建資本帳戶整體和各子領域的開放條件成熟度模型，在結合中國各初始條件發展實際狀況的條件下，估算出對中國資本帳戶開放綜合效應有影響的初始條件的成熟度，以更加科學的研究方法嘗試解決中國資本帳戶開放的時機選擇和開放路徑等現實問題。

5.1 研究問題

在資本帳戶開放綜合效應最大化的決策目標下，資本帳戶開放時機選擇問題的本質就是綜合考量自身初始條件發展狀況，相機決策出與初始條件發展狀況相匹配的開放次序和開放程度。可以說，資本帳戶開放時機選擇問題的內涵包含兩個方面：一是資本帳戶應何時開放才能達到開放綜合效應的最大化；二是在開放綜合效應最大化的目標下，資本帳戶開放應遵循怎樣的開放次序。因此，對一國資本帳戶開放時機抉擇問題的探討就是對一國初始條件發展狀況與資本帳戶整體和各子領域開放綜合效應之間關係的探討。

在上一章的研究中，我們通過構建納入初始條件的資本帳戶開放綜合效應門檻模型，實證估算出了各個初始條件對資本帳戶開放綜合效應造成不同影響

的門檻值。本章在各初始條件的門檻值的基礎上，引入信號分析法，構建資本帳戶開放條件成熟度模型，運用定量研究方法更加科學地判斷資本帳戶在「何時」「以怎樣的開放次序」推進開放策略，能達到綜合效應最大化的開放目標。本章接下來的結構安排是：首先，對資本帳戶開放條件成熟度模型的基本框架進行介紹；其次，在結合中國各初始條件發展現狀的基礎上，運用資本帳戶開放條件成熟度評估體系對中國資本帳戶開放各初始條件的成熟度進行估計，並嘗試依此解決中國資本帳戶「何時開放」的問題；最後，運用資本帳戶開放條件成熟度評估模型對中國資本帳戶各子領域開放條件的成熟度進行估計，並嘗試依此解決中國資本帳戶「開放次序」的問題。本章的邊際貢獻在於：①以往文獻對資本帳戶「何時開放」問題的探討大多以定性分析為主，研究方法過於主觀和隨意，從而影響到研究結論的準確性；本章在資本帳戶開放綜合效應門檻迴歸模型實證分析的基礎上，構建資本帳戶開放條件成熟度模型，運用定量分析的方法，更加準確和科學地解決了資本帳戶開放時機選擇的問題。②以往文獻對資本帳戶開放次序問題的探討大多關注「國內金融改革與資本帳戶開放孰先孰後」的問題，而較少關注資本帳戶內部各子領域之間開放的先後問題；本章通過對資本帳戶各子領域開放條件成熟度的判斷，嘗試解決資本帳戶開放內部各子領域間的開放次序問題，為中國實施「有序推進資本帳戶」開放奠定理論基礎。

5.2　條件成熟度模型的構建及評估方法

　　本書依據與資本帳戶開放綜合效應高度相關原則，選取一系列變量建立一個指標體系，並以科學計量方法為依據測算出各變量的臨界值和基準值，再通過對這些變量的現實狀況進行動態監測，評估出各變量的條件成熟度，為資本帳戶開放時機抉擇提供重要依據。資本帳戶開放條件成熟度評估模型的核心標準是增強資本帳戶開放的正向效應而減少資本帳戶開放的負向效應。總體來說，資本帳戶開放條件成熟度評估模型是一個由一系列能夠對資本帳戶開放綜合效應造成影響的初始條件作為指標體系，在科學統計分析的基礎上，以實證統計結果評估出各指標的臨界值，並引入信號分析法對開放國初始條件進行動態監測，為政府當局提供資本帳戶開放收益和風險的量化評估體系。

5.2.1　模型的設定

　　根據第四章節對宏觀經濟與政策環境等層面的一系列初始條件狀況與資本

帳戶開放綜合效應之間關係的討論，本章在資本帳戶開放條件成熟度評估體系指標與開放綜合效應高度相關的原則下，選取金融發展、制度質量、貿易開放以及宏觀經濟政策方面的政府支出占 GDP 比重、外匯儲備占 GDP 比重、匯率制度和通貨膨脹共 7 個指標，構建資本帳戶開放初始條件成熟度評估體系的指標體系，並以各變量門檻模型迴歸結果中的門檻值為臨界值，引入信號分析機制，一旦初始條件跨越該門檻值就相應地發出預警信號。

通過第四章中各初始變量與資本帳戶開放綜合效應的門檻模型的實證分析結果，我們可以發現各初始變量門檻值將各初始變量劃分為多個不同數值的區域段，不同區域段內的初始變量對資本帳戶開放的經濟增長效應和金融風險效應會有不同程度的影響。依此，本章根據資本帳戶開放的經濟增長效應和金融風險效應不同程度的影響結果對初始條件進行等級劃分和賦值，得到經濟增長效應開放成熟度和金融風險效應開放成熟度；之後，再將得到的這兩個成熟度計算平均值，即可估算出綜合效應成熟度，即初始條件對整個資本帳戶開放綜合效應的成熟度的評估分值。其中，賦值原則按照「優」「良」「中」和「差」四個等級劃分，「優」計 10 分，「良」計 8 分，「中」計 6 分，「差」計 4 分。

本書將資本帳戶開放條件成熟度模型構建原理及過程總結為以下幾個環節：

（1）選取指標體系。本書以與資本帳戶開放的經濟增長效應和金融風險效應高度相關為原則，在指標可量化、數據可獲取的條件下進行資本帳戶開放條件成熟度評估體系的指標體系的選取和構建。通過第四章的實證經驗分析，本章選取金融發展、制度質量、貿易開放以及宏觀經濟政策中的政府支出、外匯儲備、匯率制度和通貨膨脹 7 個變量為評估體系的指標變量。

（2）確定臨界值。在不同臨界值區域內，各量化指標對資本帳戶開放的經濟增長效應和金融風險效應造成的影響各不相同。臨界值的確定是對量化指標進行分組、等級劃分和賦值的前提條件。以往文獻大多以定性的方法對量化指標進行分組，其主觀性和隨意性容易造成分組標準不統一。本章以第四章各初始條件門檻迴歸模型的實證分析結果中的門檻值為各量化指標的臨界值，使得臨界值的確定更具科學性和統一性。

（3）確定評分標準。在確定臨界值的基礎上，本書根據量化指標對資本帳戶開放的經濟增長效應和金融風險效應影響程度的不同，將量化指標進行等級劃分，進而對不同等級的指標進行賦值。資本帳戶開放條件成熟度模型的評分標準是增強資本帳戶開放的經濟增長效應和降低資本帳戶開放的金融風險效應，因此，本章在對量化指標進行賦值時，對資本帳戶開放的經濟增長效應促

進作用越強的指標賦值越高，對資本帳戶開放的金融風險效應抑製作用越強的指標賦值越高。

（4）估算資本帳戶開放初始條件成熟度。在上述的評分標準下，結合各指標發展的現狀，估算出各指標的經濟增長效應成熟度和金融風險效應成熟度，再將這兩個成熟度計算平均值即可估算出綜合效應成熟度，即初始條件對整個金融開放綜合效應的成熟度評估分值。

資本帳戶開放條件成熟度模型的框架結構見圖5-1。

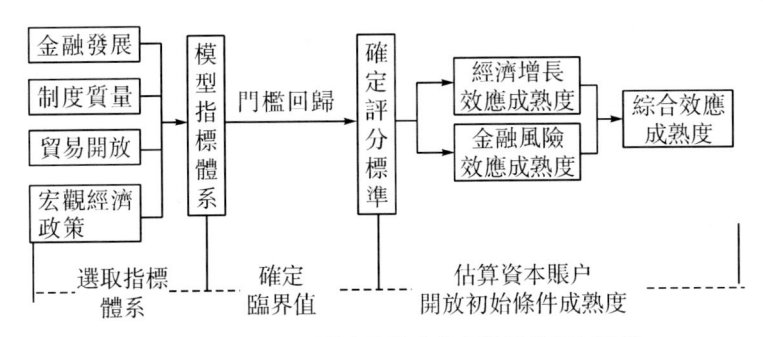

圖 5-1 資本帳戶開放條件成熟度模型的框架結構

5.2.2 評估方法

本節在第四章各初始條件門檻實證迴歸結果的基礎上，引入信號分析法，構建一套評估方法並以此為標準對資本帳戶開放條件成熟度進行估算。信號分析法是指在確定指標體系中各變量的選取後，為指標體系中的每一個變量尋找一個臨界值，當指標觀測值跨越臨界值處於某一取值區域內時，就會相應地發出預警信號。根據初始條件對資本帳戶開放綜合效應影響程度的不同，本書對初始條件成熟度進行等級劃分並相應地賦值，具體如表5-1所示。

表 5-1 初始條件成熟度等級劃分及賦值

成熟度等級	優	良	中	差
賦值	10	8	6	4

資本帳戶開放條件成熟度模型評估的目標是對初始條件的發展狀況進行量化評判；同時，評判的標準是增強資本帳戶開放的經濟增長效應，降低金融風險效應。在此評估目標和標準下，資本帳戶開放的經濟增長效應中，條件成熟度模型將強促進作用計為「優」，賦值為10；弱促進作用計為「良」，賦值為8；弱抑製作用計為「中」，賦值為6；強抑製作用計為「差」，賦值為4。資

本帳戶開放的金融風險效應中，條件成熟度模型將強抑製作用計為「優」，賦值為10；弱抑製作用計為「良」，賦值為8；弱促進作用計為「中」，賦值為6；強促進作用計為「差」，賦值為4。因此，初始條件成熟度的估值結果越高，意味著該初始條件在資本帳戶開放經濟增長效應方面的促進力度更強，在資本帳戶開放金融風險效應方面的抑制力度更強。

下面結合第四章各初始條件經濟增長效應和金融風險效應門檻模型迴歸結果，根據資本帳戶開放條件成熟度模型對各初始條件進行等級劃分和賦值，具體結果如表5-2和表5-3所示。

表5-2　經濟增長條件成熟度評估門檻及賦值結果

初始條件	門檻值(臨界值)	國家(地區)分類	經濟增長效應	評估等級	賦值
金融發展	TV>220	高金融發展國家(地區)	強促進	優	10
	114<TV<220	中等金融發展國家(地區)	弱促進	良	8
	TV<114	低金融發展國家(地區)	強抑制	差	4
制度質量	TV>-0.08	高制度質量國家(地區)	弱抑制	中	6
	-0.74<TV<-0.08	中等制度質量國家(地區)	強促進	優	10
	TV<-0.74	低制度質量國家(地區)	強抑制	差	4
貿易開放	TV>97	高貿易開放國家(地區)	強抑制	差	4
	24<TV<97	中等貿易開放國家(地區)	弱抑制	中	6
	TV<24	低貿易開放國家(地區)	強促進	優	10
政府支出占GDP比重	TV>22	高政府支出國家(地區)	強促進	優	10
	11<TV<22	中等政府支出國家(地區)	弱抑制	中	6
	TV<11	低政府支出國家(地區)	強抑制	差	4
外匯儲備占GDP比重	TV>20	高外匯儲備國家(地區)	強抑制	差	4
	5<TV<20	中等外匯儲備國家(地區)	強促進	優	10
	TV<5	低外匯儲備國家(地區)	弱促進	良	8
匯率制度	TV>13.1	高匯率彈性國家(地區)	強抑制	差	4
	2.1<TV<13.1	中等匯率彈性國家(地區)	強促進	優	10
	TV<2.1	低匯率彈性國家(地區)	弱促進	良	8
通貨膨脹	TV>14.7	高通脹國家(地區)	弱抑制	中	6
	9.2<TV<14.7	中等通脹國家(地區)	強抑制	差	4
	TV<9.2	低通脹國家(地區)	強促進	優	10

表 5-3 金融風險條件成熟度評估門檻及賦值結果

初始條件	門檻值(臨界值)	國家(地區)分類	經濟增長效應	評估等級	賦值
金融發展	TV>156	高金融發展國家(地區)	強抑制	優	10
	TV<156	低金融發展國家(地區)	強促進	差	4
制度質量	TV>0.32	高制度質量國家(地區)	弱促進	中	6
	-1.02<TV<0.32	中等制度質量國家(地區)	強抑制	優	10
	TV<-1.02	低制度質量國家(地區)	強促進	差	4
貿易開放	TV>101	高貿易開放國家(地區)	強抑制	優	10
	27<TV<101	中等貿易開放國家(地區)	弱促進	中	6
	TV<27	低貿易開放國家(地區)	強促進	差	4
政府支出占 GDP 比重	TV>15.6	高政府支出國家(地區)	強促進	差	4
	9<TV<15.6	中等政府支出國家(地區)	強抑制	優	10
	TV<9	低政府支出國家(地區)	弱促進	中	6
外匯儲備占 GDP 比重	TV>11	高外匯儲備國家(地區)	強抑制	優	10
	3<TV<11	中等外匯儲備國家(地區)	弱促進	中	6
	TV<3	低外匯儲備國家(地區)	強促進	差	4
匯率制度	TV>9.2	高匯率彈性國家(地區)	強促進	差	4
	2.2<TV<9.2	中等匯率彈性國家(地區)	強抑制	優	10
	TV<2.2	低匯率彈性國家(地區)	弱促進	中	6
通貨膨脹	TV>7.4	高通脹國家(地區)	強促進	差	4
	2<TV<7.4	中等通脹國家(地區)	強抑制	優	10
	TV<2	低通脹國家(地區)	弱促進	中	6

　　按照上述經濟增長條件成熟度的評估方法（見表5-2），當一國金融發展水準超過220時，該國金融發展狀況在促進資本帳戶開放經濟增長效應方面具有強促進作用，故將該國金融發展條件成熟度賦值為10；當一國金融發展水準處於114和220之間時，該國金融發展狀況在促進資本帳戶開放經濟增長效應方面具有弱促進作用，故將該國金融發展條件成熟度賦值為8；而當一國金融發展水準小於114時，該國金融發展狀況對資本帳戶開放經濟增長效應起到強抑製作用，故將該國金融發展條件成熟度賦值為4。當一國制度質量量化水準超過-0.08時，該國制度質量狀況對資本帳戶開放經濟增長效應方面起到弱抑製作用，故將該國制度質量條件成熟度賦值為6；當一國制度質量量化水準處於-0.74和-0.08之間時，該國制度質量狀況對資本帳戶開放經濟增長效應具有強促進作用，故將該國制度質量條件成熟度賦值為10；當一國制度質量

量化水準低於-0.74時，該國制度質量狀況對資本帳戶開放經濟增長效應起到強抑製作用，故將該國制度質量條件成熟度賦值為4。當一國貿易開放水準高於97時，該國貿易開放條件對資本帳戶開放經濟增長效應具有強抑製作用，故將該國貿易開放條件成熟度賦值為4；當一國貿易開放水準處於24和97之間時，該國貿易開放條件對資本帳戶開放經濟增長效應具有弱抑製作用，故將該國貿易開放條件成熟度賦值為6；當一國貿易開放水準低於24時，該國貿易開放條件對資本帳戶開放經濟增長效應起到強促進作用，故將該國貿易開放條件成熟度賦值為10。宏觀經濟政策條件中，當一國政府支出占GDP比重超過22，外匯儲備占GDP比重處於5和20之間，匯率制度量化指數處於2.1和13.1之間，通貨膨脹水準低於9.2時，政府支出、外匯儲備、匯率制度和通貨膨脹4類初始條件對該國資本帳戶開放經濟增長效應起到強促進作用，故對這些初始條件賦值為10；當一國外匯儲備占GDP比重小於5，匯率制度量化指數低於2.1時，外匯儲備和匯率制度兩類初始條件對該國資本帳戶開放經濟增長效應起到弱促進作用，故對處於這些狀態下的初始條件賦值為8；當一國政府支出占GDP比重處於11和22之間，通貨膨脹指數超過14.7時，政府支出和通貨膨脹兩類初始條件對該國資本帳戶經濟增長效應起到弱抑製作用，故將處於這種狀態下的政府支出和通貨膨脹初始條件成熟度賦值為6；當政府支出占GDP比重低於11，外匯儲備占GDP比重超過20，匯率質量量化指標超過13.1，通貨膨脹指數處於9.2和14.7之間時，政府支出、外匯儲備、匯率制度和通貨膨脹這四類初始條件對資本帳戶開放經濟增長效應起到強抑製作用，故將處於這些狀態下的這四類初始條件賦值為4。

　　同樣地，按照上述金融風險條件成熟度的評估方法（見表5-3），當一國金融發展水準超過156時，該國金融發展對資本帳戶開放金融風險效應方面起到強抑製作用，故將該國金融發展條件成熟度賦值為10；而當一國金融發展水準小於156時，該國金融發展狀況對資本帳戶開放金融風險效應起到強促進作用，故將該國金融發展條件成熟度賦值為4。當一國制度質量量化水準超過0.32時，該國制度質量狀況對資本帳戶開放金融風險效應方面起到弱促進作用，故將該國制度質量條件成熟度賦值為6；當一國制度質量量化水準處於-1.02和0.32之間時，該國制度質量狀況對資本帳戶開放金融風險效應具有強抑製作用，故將該國制度質量條件成熟度賦值為10；當一國制度質量量化水準低於-1.02時，該國制度質量狀況對資本帳戶開放金融風險效應起到強促進作用，故將該國制度質量條件成熟度賦值為4。當一國貿易開放水準高於101時，該國貿易開放條件對資本帳戶開放金融風險效應具有強抑製作用，故將該

國貿易開放條件成熟度賦值為10；當一國貿易開放水準處於27和101之間時，該國貿易開放條件對資本帳戶開放金融風險效應具有弱促進作用，故將該國貿易開放條件成熟度賦值為6；當一國貿易開放水準低於27時，該國貿易開放條件對資本帳戶開放經濟金融風險起到強促進作用，故將該國貿易開放條件成熟度賦值為4。宏觀經濟政策條件中，當一國政府支出占GDP比重超過15.6，外匯儲備占GDP比重低於3，匯率制度量化指數超過9.2，通貨膨脹水準超過7.4時，政府支付、外匯儲備、匯率制度和通貨膨脹四類初始條件對該國資本帳戶開放金融風險效應起到強促進作用，故對這些初始條件賦值為4；當政府支出占GDP比重低於9，外匯儲備占GDP比重處於3和11之間，匯率質量量化指標低於2.2，通貨膨脹指數低於2時，政府支出、外匯儲備、匯率制度和通貨膨脹這四類初始條件對資本帳戶開放金融風險效應起到弱促進作用，故將處於這些狀態下的這四類初始條件賦值為6；當政府支出占GDP比重處於9和15.6，外匯儲備占GDP比重超過11，匯率質量量化指標處於2.2和9.2之間，通貨膨脹指數處於2和7.4之間時，政府支出、外匯儲備、匯率制度和通貨膨脹這四類初始條件對資本帳戶開放金融風險效應起到強抑製作用，故將處於這些狀態下的這四類初始條件賦值為4。

為進一步估算資本帳戶各子領域開放條件成熟度，本書結合4.4.3節中資本帳戶各子領域門檻迴歸的結果，運用資本帳戶開放條件成熟度模型對各初始條件進行等級劃分和賦值。限於篇幅原因，本書將資本帳戶各子領域條件成熟度的賦值結果作為附錄羅列在本書最後，具體詳見附表1-12。

5.3 中國數據的實證檢驗及結果分析

基於上述資本帳戶開放條件成熟度評估模型及評估方法，本節以中國加入WTO（世界貿易組織）為時間節點，選取2002—2013年的數據，估算出中國自加入WTO以來資本帳戶開放的初始條件成熟度。此外，依據前文所介紹的資本帳戶各子領域初始條件成熟度評估方法，評估出2002—2013年中國資本帳戶各子領域初始條件成熟度。

5.3.1 資本帳戶開放條件成熟度的估計

我們選取2002—2013年這一時間段的樣本，根據前面所敘述的資本帳戶開放的初始條件指標，建立起評估資本帳戶開放初始條件的系統。按照前面模

型估計的資本帳戶開放各初始條件門檻值，可以選用不同的分值對不同的初始條件進行評估。10分對應評價為「優」的水準，「良」計8分，「中」和「差」分別計6分和4分。金融風險效應條件成熟度和經濟增長效應條件成熟度是從金融風險和經濟增長兩個角度評估初始條件對資本帳戶的開放情況後得到的。我們通過平均計算金融風險效應條件成熟度和經濟增長效應條件成熟度之和，可以得到綜合效應開放成熟度（見表5-4）。

表5-4 中國資本帳戶開放條件成熟度估算結果（資本帳戶開放整體）

單位：分

	初始條件	2002年	2004年	2005年	2007年	2009年	2011年	2013年
經濟增長	金融發展	優	優	優	優	優	優	優
	制度質量	優	優	優	優	優	優	優
	貿易開放	中	中	中	中	中	良	良
宏觀經濟政策	政府支出占GDP比重	中	中	中	中	中	中	良
	外匯儲備占GDP比重	差	差	差	差	差	差	差
	匯率制度	良	良	優	優	優	優	優
	通貨膨脹	優	優	優	優	良	優	優
經濟增長效應條件成熟度		7.7	7.7	8	8	7.7	8.3	8.6
金融風險	金融發展	優	優	優	優	優	優	優
	制度質量	優	優	優	優	優	優	優
	貿易開放	中	中	中	中	中	中	中
宏觀經濟政策	政府支出占GDP比重	差	差	優	優	優	優	優
	外匯儲備占GDP比重	優	優	優	優	優	優	優
	匯率制度	優	優	優	優	優	優	優
	通貨膨脹	優	優	優	優	良	優	優
金融風險效應條件成熟度		9.1	8.6	9.4	9.7	9.1	9.7	9.4
綜合效應開放成熟度		8.4	8.2	8.7	8.9	8.4	9	9

註：限於篇幅，本表只匯總了部分年份的計算結果。

從資本帳戶開放整體成熟度評估系統來看，在2005—2013年，資本帳戶開放對經濟增長的促進作用較強，成熟度指標除了2009年經濟增長效應條件成熟度是7.7分，其餘年份一直在8分以上，整體達到「良」的水準；而金融

風險效應條件成熟度除 2004 年是 8.6 分以外，其餘年份都超過 9 分，2007 年更是達到 9.7 分，評價已接近「優」的水準。由此我們認為，隨著資本帳戶開放程度的提高，中國資本帳戶開放能對經濟增長產生較大的促進作用，同時對金融風險也能產生有效的抑製作用。

5.3.2 資本帳戶各子領域開放條件成熟度的估計

下面根據前文對資本帳戶開放門檻效應模型的估計，分別對資本帳戶各子領域開放初始條件成熟度進行評估（見表 5-5、表 5-6、表 5-7、表 5-8、表 5-9 和表 5-10）。

表 5-5 資本帳戶開放初始條件評估系統（外商直接投資開放）

單位：分

		初始條件	2002年	2004年	2005年	2007年	2009年	2011年	2013年
經濟增長	宏觀經濟政策	金融發展	10	10	10	10	10	10	10
		制度質量	10	10	10	10	10	10	10
		貿易開放	6	6	6	6	6	6	6
		政府支出占 GDP 比重	6	6	6	6	6	6	6
		外匯儲備占 GDP 比重	—	—	—	—	—	—	—
		匯率制度	10	10	10	10	10	10	10
		通貨膨脹	10	10	10	10	8	10	10
經濟增長效應條件成熟度			8.7	8.7	8.7	8.7	8.3	8.7	8.7
金融風險	宏觀經濟政策	金融發展	8	8	8	8	8	8	8
		制度質量	10	10	10	10	10	10	10
		貿易開放	4	4	4	4	4	4	4
		政府支出占 GDP 比重	8	8	10	10	10	10	10
		外匯儲備占 GDP 比重	10	10	10	10	10	10	10
		匯率制度	10	10	10	10	10	10	10
		通貨膨脹	10	10	10	10	10	10	10
金融風險效應條件成熟度			8.6	8.6	8.9	8.9	8.9	8.9	8.9
綜合效應開放成熟度			8.65	8.65	8.8	8.6	8.8	8.8	8.8

從外商直接投資初始條件成熟度情況看，從 2002—2013 年，外商直接投資開放經濟增長效應條件成熟度除 2009 年為 8.3 分外，其餘年份都達到 8.7 分，超出評價為「良」的水準，接近評價為「優」的水準；而金融風險效應條件成熟度在 2002 年和 2004 年為 8.6 分，其餘年份都達到 8.9 分，接近評價為「優」的水準。綜合效應開放成熟度各年份相差不大，均超過 8.6 分。因此，中國放開外商直接投資限制之後，外商直接投資對中國經濟增長產生良好的促進作用，並且能有效地抑制風險，該項條件已然成熟。

表 5-6　資本帳戶開放初始條件評估系統（對外直接投資開放）

單位：分

初始條件			2002年	2004年	2005年	2007年	2009年	2011年	2013年
經濟增長	宏觀經濟政策	金融發展	10	10	10	10	10	10	10
		制度質量	6	6	6	6	6	6	6
		貿易開放	—	—	—	—	—	—	—
		政府支出占 GDP 比重							
		外匯儲備占 GDP 比重							
		匯率制度							
		通貨膨脹							
經濟增長效應條件成熟度			9	9	9	9	9	9	9
金融風險	宏觀經濟政策	金融發展	10	10	10	10	10	10	10
		制度質量	4	4	4	4	4	4	4
		貿易開放	4	4	4	4	4	4	4
		政府支出占 GDP 比重	4	4	6	6	6	6	6
		外匯儲備占 GDP 比重	10	10	10	10	10	10	10
		匯率制度	10	10	10	10	10	10	10
		通貨膨脹	6	6	6	6	6	6	6
金融風險效應條件成熟度			7.1	7.1	7.4	7.4	7.4	7.4	7.4
綜合效應開放成熟度			8.05	8.05	8.2	8.2	8.2	8.2	8.2

從對外直接投資開放初始條件成熟度評估的結果看，2002—2013 年，中國對外直接投資開放經濟增長效應條件成熟度為 9 分，整體評價達到「優」的水準；但是金融風險效應條件成熟度在 2002—2013 年整個樣本時間範圍內

均沒有超過 8 分，整體水準沒有達到「優」的水準。相應的綜合效應開放成熟度雖然達到「良」的水準，但由於金融風險效應評估得分不高，這樣貿然開放對外直接投資，雖然會促進經濟的增長，但也有可能會造成資本大量外逃，給中國經濟建設造成強大的負面衝擊，增加金融風險發生的概率。

表 5-7　資本帳戶開放初始條件評估系統（對內證券投資開放）

單位：分

	初始條件		2002年	2004年	2005年	2007年	2009年	2011年	2013年
經濟增長	宏觀經濟政策	金融發展	10	10	10	10	10	10	10
		制度質量	—	—	—	—	—	—	—
		貿易開放	—	—	—	—	—	—	—
		政府支出占 GDP 比重							
		外匯儲備占 GDP 比重							
		匯率制度	10	10	10	10	10	10	10
		通貨膨脹							
經濟增長效應條件成熟度			10	10	10	10	10	10	10
金融風險	宏觀經濟政策	金融發展	10	10	10	10	10	10	10
		制度質量	4	4	4	4	4	4	4
		貿易開放	4	4	4	4	4	4	4
		政府支出占 GDP 比重	4	4	8	8	8	8	8
		外匯儲備占 GDP 比重	10	10	10	10	10	10	10
		匯率制度	4	4	4	4	4	4	4
		通貨膨脹	4	4	4	4	4	4	4
金融風險效應條件成熟度			5.7	5.7	6.3	6.3	6.3	6.3	6.3
綜合效應開放成熟度			7.85	7.85	8.15	8.15	8.15	8.15	8.15

從對內證券投資開放初始條件成熟度來看，在整個樣本時間範圍內，對內證券投資的流入引起的經濟增長效應條件成熟度指標一直是 10 分，這很大程度上是由於部分數據的缺失引起子項目指標無法測算；此外金融風險效應條件成熟度一直低於 7 分，在 2002 年和 2004 年甚至低於 6 分，沒有達到評價為「中」的水準；而綜合效應開放成熟度在 2005—2013 年都超過 8 分，達到評價為「良」的水準。因此，雖然中國在 2005 年後開放對內證券投資對經濟增長

產生很強的促進作用，但是制度不健全以及金融體系發展不完善，我們對待對內證券投資開放要審慎才行。

表 5-8 資本帳戶開放初始條件評估系統（對外證券投資開放）

單位：分

		初始條件	2002年	2004年	2005年	2007年	2009年	2011年	2013年
經濟增長	宏觀經濟政策	金融發展	10	10	10	10	10	10	10
		制度質量	—	—	—	—	—	—	—
		貿易開放	—	—	—	—	—	—	—
		政府支出占 GDP 比重	—	—	—	—	—	—	—
		外匯儲備占 GDP 比重	—	—	—	—	—	—	—
		匯率制度	—	—	—	—	—	—	—
		通貨膨脹	8	8	8	8	8	8	8
經濟增長效應條件成熟度			9	9	9	9	9	9	9
金融風險	宏觀經濟政策	金融發展	10	10	10	10	10	10	10
		制度質量	10	10	10	10	10	10	10
		貿易開放	8	8	8	8	8	8	8
		政府支出占 GDP 比重	4	4	6	6	6	6	6
		外匯儲備占 GDP 比重	8	8	8	8	8	8	8
		匯率制度	10	10	10	10	10	10	10
		通貨膨脹	6	6	6	6	6	6	6
金融風險效應條件成熟度			8	8	8.3	8.3	8.3	8.3	8.3
綜合效應開放成熟度			8.5	8.5	8.65	8.65	8.65	8.65	8.65

從對外證券投資開放初始條件成熟度來看，對外證券投資引起的經濟增長效應條件成熟度在 2002—2013 年為 9 分，接近評價為「優」的水準，但這同樣可能是部分指標未測算出所導致的；而金融風險效應條件成熟度在 2002 年和 2004 年為 8 分，在 2005—2013 年為 8.3 分，都已達到評價為「良」的水準。綜合效應開放成熟度在 2002 和 2004 年為 8.5 分，在 2005 年以後為 8.65 分，都已達到評價為「良」的水準。因此，中國放開對外證券投資的條件比較成熟，放開對外證券投資對促進經濟增長和抑制金融風險都有較強的作用。

表 5-9　資本帳戶開放初始條件評估系統（對內債務投資開放）

單位：分

初始條件			2002年	2004年	2005年	2007年	2009年	2011年	2013年
經濟增長	宏觀經濟政策	金融發展	6	6	6	6	6	6	6
		制度質量	6	6	6	6	6	6	6
		貿易開放	6	6	6	6	6	6	6
		政府支出占 GDP 比重	6	6	6	6	6	6	6
		外匯儲備占 GDP 比重	8	8	8	8	8	8	8
		匯率制度	—	—	—	—	—	—	—
		通貨膨脹	—	—	—	—	—	—	—
經濟增長效應條件成熟度			4.6	4.6	4.6	4.6	4.6	4.6	4.6
金融風險	宏觀經濟政策	金融發展	6	6	6	6	6	6	6
		制度質量	10	10	10	10	10	10	10
		貿易開放	6	6	6	6	6	6	6
		政府支出占 GDP 比重	4	4	10	10	10	10	10
		外匯儲備占 GDP 比重	10	10	10	10	10	10	10
		匯率制度	10	10	10	10	10	10	10
		通貨膨脹	10	10	10	10	10	10	10
金融風險效應條件成熟度			8	8	8.9	8.9	8.9	8.9	8.9
綜合效應開放成熟度			6.3	6.3	6.75	6.75	6.75	6.75	6.75

　　從對內債務投資初始條件成熟度看，在 2002—2013 年整個樣本時間範圍內，對內債務投資開放的經濟增長效應條件成熟度都沒有超過 5 分。中國的金融制度不完善，地方債務風險較大，政府支出占比過高導致了該指標處於評價為「差」的水準；而金融風險效應條件成熟度在 2002 年和 2004 年為 8 分，在 2005—2013 年為 8.9 分，處於評價為「優」的水準上，表明中國控制金融風險的水準較高；綜合效應開放成熟度一直未超過 7 分，幾乎都在 6.5 分左右，接近評價為「中」的水準。債務資本流入對經濟增長的作用一般，開放對內債務投資容易引起政府投資水準降低，拉動中國經濟增長的能力下降。因而雖然開放對內債務投資不會引起較大的風險，但我們在對待是否開放對內債務投資方面還是要審慎決策。

表 5-10　資本帳戶開放初始條件評估系統（對外債務投資開放）

單位：分

	初始條件		2002年	2004年	2005年	2007年	2009年	2011年	2013年
經濟增長	宏觀經濟政策	金融發展	10	10	10	10	10	10	10
		制度質量	8	8	8	8	8	8	8
		貿易開放	6	6	6	6	6	6	6
		政府支出占GDP比重	6	6	6	6	6	6	6
		外匯儲備占GDP比重	—	—	—	—	—	—	—
		匯率制度	10	10	10	10	10	10	10
		通貨膨脹	8	8	8	8	8	8	8
經濟增長效應條件成熟度			8	8	8	8	8	8	8
金融風險	宏觀經濟政策	金融發展	10	10	10	10	10	10	10
		制度質量	4	4	4	4	4	4	4
		貿易開放	6	6	6	6	6	6	6
		政府支出占GDP比重	4	4	4	4	10	10	10
		外匯儲備占GDP比重	10	10	10	10	10	10	10
		匯率制度	10	10	10	10	10	10	10
		通貨膨脹	6	6	6	6	6	6	6
金融風險效應條件成熟度			7.1	7.1	8	8	8	8	8
綜合效應開放成熟度			7.55	7.55	8	8	8	8	8

　　從對外債務投資開放初始條件成熟度來看，對外債務投資開放的經濟增長效應條件成熟度在2002—2013年整個樣本時間範圍內一直為8分，達到「良」的水準；而對外債務投資開放的金融風險效應條件成熟度這一指標在2002年和2004年為7.1分，未達到評估為「良」的水準，但在2005—2013年為8分，剛好達到評估為「良」的水準；相應的綜合效應開放成熟度在2002年和2004年為7.55分，在2005—2013年為8分，整體上處於接近「良」的水準範疇。因此，2002年以後中國放開對外債務投資的條件較為成熟，它對經濟增長有較強的促進作用，同時對金融風險的抑製作用也較為明顯。

5.4　本章小結

　　資本帳戶開放是一把「雙刃劍」：一方面是正向效應，表現為資本帳戶開放可以直接或間接地促進經濟增長；另一方面是負向效應，主要表現在一國在不滿足條件的情況下放開資本帳戶會讓本就脆弱的中國經濟金融風險體系更加充滿不確定性，嚴重時會導致金融風險或金融危機的爆發。一國資本帳戶開放策略的核心問題是「趨利避害」，開放資本帳戶的最終目標是獲得綜合收益的最大化。因而開放決策的核心關注點是根據初始條件的變化，動態擇機安排與初始條件相符的開放次序和開放尺度。本章通過引入信號分析法，構建資本帳戶整體和各子領域的開放條件成熟度模型，在結合中國各初始條件發展實際狀況的條件下提出，中國有序推進資本帳戶開放，不斷擴大資本帳戶開放水準，在總體上能有效促進經濟增長，並且可以合理把控風險。在分析資本帳戶子領域成熟度時，本書認為中國放開外商直接投資的條件較為成熟，積極吸引外資不僅能夠促進中國經濟持續增長，對中國產業轉型升級也有較大的幫助，也不會使中國產生大的金融風險；而由於中國制度、法律法規的不健全會增加金融風險的概率，因此放開對外直接投資雖然會對經濟增長產生促進作用，但是目前還是應該進行必要的有效管制；放開對內證券投資對經濟增長具有很強的促進作用，但放開對內證券投資不能對金融風險起到很好的抑製作用，反而加大了金融的脆弱性；放開對外證券投資的條件比較成熟，放開對外證券投資對促進經濟增長和抑制金融風險都有較強的作用；放開對內債務投資對經濟增長的作用不明顯，反而容易衝擊脆弱的地方債務體系，雖然不會引起較大的金融風險，但也應該在宏觀上審慎管理並進行必要的限制；放開對外債務投資不僅對經濟增長起到促進作用，而且對金融風險也能起到明顯的抑製作用。

6 資本帳戶開放的跨境資本流動效應

本書前兩章內容主要探討了一國國內經濟金融初始條件狀況對資本帳戶開放經濟增長效應和金融風險效應的影響的門檻機制，分析了一國初始條件狀況如何影響到資本帳戶開放的綜合效應，回答了在資本帳戶開放綜合效應最大化的目標下，資本帳戶「何時開放」以及「如何開放」的問題。本章將繼續就資本帳戶開放問題展開進一步研究，探討資本帳戶開放「會帶來什麼」的問題，也就是說，本章將試圖回答資本帳戶開放會產生什麼效應的問題。

資本帳戶開放最為直觀和最為直接的效應是跨境資本流動。當一國開放資本帳戶就意味著該國將國內諸多國際資本流進流出的限制予以解除，從而使得國際資本可以在該國自由流進和流出。根據傳統經濟學原理，資本帳戶開放後當兩國之間資本回報率存在差異時，資本便在國家之間流動，這是由資本的逐利性本質決定的。可以說，資本的逐利性本質是資本帳戶開放跨境資本流動的最根本動力。本章將在非線性分析框架下，探討全球 52 個國家和地區資本帳戶開放的跨境資本流動效應，並結合金融發展水準考察兩者之間關係的漸進演變，同時，更進一步地比較和分析資本帳戶開放的跨境資本流動效應在新興經濟體和發達經濟體中存在的差異。

6.1 研究問題

20 世紀 90 年代，全球金融市場逐步開放，國際資本跨境流動規模迅速增大（IMF，2011）。新興經濟體也在發達國家掀起的金融開放浪潮中推進資本帳戶開放，引入國際資本。資本帳戶開放在給新興經濟體帶來境外流動性的同

時，也加劇了新興經濟體境內資產價格和匯率的波動。可以說，國際資本跨境流動是資本帳戶開放最直接和最直觀的效應，也是將世界經濟波動和金融危機傳導至一國國內的重要渠道。資本帳戶中直接投資類項目和股本證券類項目的開放會直接引致外商直接投資、對外直接投資、對內證券投資和對外證券投資四類跨境資本的流動。表6-1 中的統計數據顯示，資本帳戶開放程度越高的國家，這四類跨境資本流動的規模也越大。具體來看，代表發達經濟體的七國集團（G7）資本帳戶開放程度顯著地高於代表新興經濟體的新興11國（E11）；G7 國家外商直接投資占 GDP 比重的平均值為 53.40%，而該數值在 E11 國家中僅為 30.70%；對外直接投資占 GDP 比重的平均值在 G7 國家中為 42.8%，而在 E11 國家中僅為 5.10%；對內證券投資和對外證券投資占 GDP 比重的平均值在 G7 國家中分別為 65.10% 和 71.60%，遠遠地高於 E11 國家的 15.2% 和 6.3%。

表6-1 2002—2015年全球主要經濟體的跨境資本流動狀況

經濟體	資本帳戶開放指數	跨境資本流動			
		外商直接投資占 GDP 比重/%	對外直接投資占 GDP 比重/%	對內證券投資占 GDP 比重/%	對外證券投資占 GDP 比重/%
美國	2.374,4	16.50	22.70	58.40	34.00
歐盟	1.775,4	48.70	33.60	65.40	62.40
中國	-1.194,7	23.10	3.90	3.80	6.20
巴西	-0.021,8	23.80	9.90	29.80	1.40
G7	2.374,4	53.40	42.80	65.10	71.60
E11	-0.155,2	30.70	5.10	15.20	6.30
全球	0.365,7	44.50	27.70	42.70	44.50

數據來源：作者根據 CEIC 和 IFS 數據計算得到，各變量數值均為占 GDP 比重值。其中，G7 為七國集團成員國（美國、英國、德國、法國、日本、義大利、加拿大）；E11 為二十國集團中的新興經濟體（中國、俄羅斯、印度、南非、阿根廷、沙特阿拉伯、韓國、印度尼西亞、巴西、土耳其和墨西哥）；資本帳戶開放指數為基於 Chinn-Ito 指數（2015）計算出的 2002—2015 年平均值。

事實上，除規模上的差異之外，新興經濟體與發達經濟體的跨境資本流動也呈現出不同的特徵。根據 IMF 發布的 2013 年的研究報告，新興經濟體跨境資本流動淨流入規模呈現出明顯的週期性，而發達經濟體跨境資本淨流入規模波動較小。由此可見，資本帳戶開放在新興經濟體和發達經濟體之間存在較為明顯的跨境資本流動效應差別，即資本帳戶開放的跨境資本流動在新興經濟體

和發達經濟體具有不同的效應。Blanchard 等（2016）、Mendoza 等（2009）、Park 等（2012）、趙新泉和劉文革（2016）的研究表明，金融發展可以對跨境資本流動產生顯著影響，跨境資本流動的規模和波動幅度會受境內金融市場發展程度和金融體制改革力度的影響。為此，本章將通過構建資本帳戶開放跨境資本流動效應的非線性模型，從金融發展這一初始條件異質性的視角來分析資本帳戶中直接投資和股本證券類項目開放所引致的跨境資本流動效應，並在此基礎上比較和分析新興經濟體與發達經濟體跨境資本流動差異的內在機理。

本章的邊際貢獻主要體現為兩個方面：一是結合開放國初始條件中的金融發展異質性，運用面板平滑轉換迴歸模型分析資本帳戶開放與跨境資本流動之間非線性關係的漸進演變；二是比較和分析新興經濟體與發達經濟體資本帳戶開放跨境資本流動效應的差異。本章餘下部分的結構安排是：首先，從理論上分析金融發展異質性與資本帳戶開放跨境資本流動效應之間的非線性關係，為本章理論假說的提出奠定理論基礎；其次，介紹面板平滑轉變模型（PSTR）及其檢驗方法，並對實證分析的數據進行說明；再次，對實證分析結果進行分析，估計金融發展異質性對資本帳戶開放後的跨境資本流動狀況帶來的影響；最後，做出本章小結。

6.2　理論假說的提出

一國國內金融發展初始條件狀況會對資本帳戶開放後跨境資本流入的規模和結構造成影響（Bekaert et al., 2005；Hammel, 2006；張鵬 等, 2011）。一國金融發展水準越高，其境內金融部門發展越充分且富有效率，對境內資本具有越高的吸引力；同時，該國內生產率的提高將進一步地鼓勵資本投資和消費支出的增加，從而會帶動更多跨境資本的流入。相反，一國金融發展水準偏低，常常與該國經濟發展中存在較高的不確定性因素相關，經濟發展中不確定性因素越多則該國國內資本投資回報率越沒有顯著優勢，這使得國內金融發展水準越低的國家對國際資本的吸引力越小，該國資本帳戶開放後的跨境資本流入規模也就越小。此外，當一國金融發展水準偏低，其境內金融市場提供較高安全性和流動性金融產品的能力就偏弱，在這種情況下，當該國國內居民收入增長時，投資選擇就相對較少，此時該國儲蓄率往往會增加，資本帳戶開放後過剩的儲蓄往往會流向具有高質量金融資本的發達國家，從而形成跨境資本流動。金融市場發展得越好，投資收益和空間也越多，這也會吸引越多的股本投

資流入境內，增加跨境資本流動規模（Lane et al., 2001）。發達國家往往具備較為完善的金融體系，在金融工具多樣性和金融創新方面具有較大的優勢，因此，一國國內金融市場發展程度越好的國家越能夠吸引更多的境外股權資本，從而形成跨境資本流動（IMF，2006）。為此，本書提出理論假說6.1。

理論假說6.1：一國國內金融發展水準會對資本帳戶開放的跨境資本流動效應產生顯著影響。

資本帳戶開放進程中，跨境資本流動效應與一國國內金融發展水準相關（Bayoumi et al., 2013）。當一國國內金融發展處於較低水準時，則該國國內的信貸市場較不完善，這使得該國國內的社會生產資源分配效率處於較低水準，此時，該國國內利率水準會高於世界水準，這意味著國際資本的融資成本低於國內資本。當資本帳戶開放後，該國國內流動性需求者會向成本更低的海外市場借取資金，由此引發跨境資本流動。當一國國內金融發展處於中等水準時，社會生產資源處於次效率狀態，高效率企業依然會面臨部分信貸約束，這會使社會中的高效率企業的生產效率和投資收益率趨於下降；而國內利率水準是由國內平均收益率決定的，國內利率水準低於世界水準，在資本帳戶開放條件下國內投資資本會追求更大收益而流向國外，由此形成跨境資本流動。當一國國內金融發展水準較高時，社會生產資源配置達到最優，此時該國國內資本的投資回報率會超過國際資本的投資回報率水準；由於利率水準是由邊際資本收益率決定的，此時，該國國內利率水準也會高於世界水準，資本帳戶開放後在資本趨利性的本質下國際資本會流向國內市場從而形成跨境資本流動（Bhagwati et al., 2010）。此外，由非平拋利率曲線理論同樣可以得出，資本帳戶開放後，在國內利率水準和世界利率水準存在差異的條件下，資本會向利率水準更高的方向流動，形成跨境資本流動，且流動幅度與資本帳戶開放程度相關；當該國國內短期利率波動時，資本帳戶開放的跨境資本流動存在結構性和區制轉移的非線性特徵（Kalimipalli et al., 2004；鄭挺國 等，2011）。為此，本書提出理論假說6.2。

理論假說6.2：金融發展與資本帳戶開放的跨境資本流動效應之間存在非線性關係。

6.3 模型與方法

為對上述理論假說進行實證說明，本節構建資本帳戶開放的跨境資本流動

非線性模型,用以分析資本帳戶開放與跨境資本流動之間的非線性關係。接下來,本節將首先對資本帳戶開放的跨境資本流動非線性模型進行介紹,其次介紹模型的估計方法,最後對實證分析的數據進行說明。

6.3.1 模型設定

根據無拋補利率平價理論,利差和資本帳戶開放是跨境資本流動的最直接因素。同時,通過前文對文獻的梳理可以發現,一些國內經濟基本面因素,如GDP 增長率、投資回報率、貿易水準等也都是影響跨境資本流動的重要因素。Balasubramanyam 等(1996)、Hausmann 等(2000)認為一國國內金融發展水準越高,資本帳戶開放對該國跨境資本流動規模的影響效應就越大。因此,本書將金融發展指標設定為資本帳戶開放跨境資本流動效應模型的門檻變量,具體形式如下:

$$\left(\frac{FlowType}{GDP}\right)_{it} = \alpha_i + \beta_1 Cal_{it} + \beta_2 Cal_{it} g(Findev_{it}; \gamma, c) + \beta_3 Interest_{it} + \beta_4 Controls_{it} + \mu_{it}$$

其中,$FlowType$ 為跨境資本流動的規模;Cal_{it} 為本國資本帳戶開放程度;$Findev_{it}$ 為本國金融發展指標;$Interest_{it}$ 表示本國與美國直接的淨利息率差;$Controls_{it}$ 表示一些對跨境資本流動有影響的國內經濟基本面因素,本書主要選取本國上市公司總市值與名義 GDP 之比、進出口貿易總額與名義 GDP 之比、人均實際 GDP、國民儲蓄率等指標。

6.3.2 估計方法

上述資本帳戶開放的跨境資本流動效應模型是在面板平滑轉換迴歸模型的基本形式上拓展得到的,因此對該模型進行估計的方法也是以面板平滑轉換迴歸模型的估計方法為基礎並加以應用的。

傳統線性面板模型通常無法準確地分析模型中解釋變量和被解釋變量之間關係的個體差異性。Hansen(1999)引入門檻變量 q_{it} 和轉換函數,構建了面板門檻迴歸模型(PTR):

$$y_{it} = \alpha_i + \beta_0' x_{it} I(q_{it} \leq c) + \beta_1' x_{it} I(q_{it} > c) + \mu_{it} \quad (6.1)$$

此時,轉換函數是一個示性函數。門檻迴歸模型根據門檻變量 q_{it} 與臨界值 c 之間的大小將樣本觀測值分為兩類,不同類別的解釋變量 x_{it} 對被解釋變量 y_{it} 的影響也是不同的。但門檻迴歸模型也具有一定的局限性,解釋變量 x_{it} 的迴歸係數只能為 β_0' 或 β_1',迴歸係數的變化是跳躍的。為解決這一局限,

Gonzalez 等（2005）在門檻迴歸模型的基礎上，將轉換函數設定為 Logistic 函數形式，構造面板平滑轉換迴歸模型（PSTR），具體形式如式（6.2）所示：

$$y_{it} = \alpha_i + \beta'_0 x_{it} + \beta'_1 x_{it} g(q_{it}; \gamma, c) + \mu_{it} \qquad (6.2)$$

$$g(q_{it}; \gamma, c) = \frac{1}{\left[1 + \exp\left(-\gamma \prod_{j=1}^{m}(q_{it} - c_j)\right)\right]}, \; \gamma > 0, \; c_1 \leq c_2 \leq \cdots \leq c_m$$

其中，$g(q_{it}; \gamma, c)$ 為轉換函數；q_{it} 為門檻變量，且 $0 < q_{it} < 1$；γ 為平滑系數，決定了轉換速度；c 為臨界值，決定了轉移發生的位置；m 為臨界值數目。此時，轉換函數 $g(q_{it}; \gamma, c)$ 為連續函數，解釋變量的迴歸系數 $\beta_0 + \beta_1 g(q_{it}; \gamma, c)$ 相應地為連續函數，因此，迴歸系數可以在不同類別解釋變量之間實現平滑、漸進的變化。可以看出，面板平滑轉換迴歸模型主要由兩部分組成，線性部分（$\alpha_i + \beta'_0 x_{it}$）和非線性部 $[\beta'_1 x_{it} g(q_{it}; \gamma, c)]$。線性部分是 PSTR 模型的第一區制（regime），每一個轉換函數對應一個新的區制，如式（6.2）中包含一個轉換函數，因此，式（6.2）是典型的二區制 PSTR 模型。

接下來，需要對面板平滑轉換迴歸模型（PSTR）做線性檢驗和轉換函數「最優」個數的確定。對 PSTR 模型做線性檢驗的主要目的在於考察模型設立得是否合理。線性檢驗就是要檢驗原假設：$H_0: \gamma = 0$。借鑑 Luukkonen 等的方法，對轉移函數 $g(q_{it}; \gamma, c)$ 進行 $\gamma = 0$ 處的一階泰勒展開，可以得到線性輔助迴歸模型，具體如下：

$$y_{it} = \alpha_i + \beta'^*_0 x_{it} + \beta'^*_1 x_{it} q_{it} + \cdots + \beta'^*_m x_{it} q_{it}^m + \mu^*_{it} \qquad (6.3)$$

其中，$\mu^*_{it} = \mu_{it} + R_m \beta^*_1 x_{it}$，為擾動項，$R_m$ 是泰勒展開的餘項；β'^*_1、β'^*_2，$\cdots$，β'^*_m 中都包含乘子 γ。

因此，檢驗 $H_0: \gamma = 0$ 等價於檢驗 $H_0^*: \beta^*_1 = \beta^*_2 = \cdots = \beta^*_m = 0$。為檢驗原假設 $H_0: \gamma = 0$，構建 3 個檢驗統計量：

$$LM = TN(SSR_0 - SSR_1)/SSR_0 \qquad (6.4)$$

$$LM_F = [(SSR_0 - SSR_1)/mk]/[SSR_1/(TN - N - mk)] \qquad (6.5)$$

$$pseudo-LRT = -2[\log(SSR_{ur}/SSR_0)] \qquad (6.6)$$

其中，SSR_0 是在原假設成立條件下的殘差平方和；SSR_1 是在拒絕原假設條件下的殘差平方和；SSR_{ur} 是在沒有條件約束下的線性輔助函數的殘差平方和。在三個統計量中，LM_F 遵循 $F(mk, TN - N - mk)$ 分佈，LM 和 $pseudo-LRT$ 遵循 χ^2_{mk} 分佈。若檢驗結果拒絕原假設，則 PSTR 模型的設立是合理的。在線性檢驗的基礎上，還需要對 PSTR 模型進行「剩餘非線性檢驗」。具體方法如下，我們假設至少存在 2 個轉換函數，此時，PSTR 模型為

$$y_{it} = \alpha_i + \beta'_0 x_{it} + \beta'_1 x_{it} g(q^1_{it}; \gamma_1, c) + \beta'_2 x_{it} g(q^2_{it}; \gamma_2, c) + \mu_{it} \quad (6.7)$$

同上述線性檢驗思路相同，我們首先需要檢驗原假設 $H_0: \gamma_2 = 0$，具體方法是對轉移函數 $g(q^2_{it}; \gamma_2, c)$ 進行 $\gamma_2 = 0$ 處的一階泰勒展開，並依此構造輔助迴歸模型。然後，我們同樣運用 LM、LM_F 和 $pseudo-LRT$ 三個統計量來檢驗體制轉換效應的顯著性。如果結果為拒絕原假設 H_0，則說明存在兩個轉換函數是合理的。之後，我們將繼續假設 $H_0: \gamma_3 = 0$，一階泰勒展開構建輔助迴歸模型並運用 LM、LM_F 和 $pseudo-LRT$ 三個統計量檢驗。依此類推，直至無法拒絕原假設 H_0 為止，以確定模型中轉換函數的最優個數。

6.3.3 變量與數據說明

本書實證分析的核心問題是資本帳戶開放與跨境資本流動之間的非線性關係，並比較和分析這種關係在新興經濟體和發達經濟體之間的差異。在相關數據可獲得的條件下，本書選取 2002—2015 年全球 52 個國家和地區作為模型實證檢驗分析的樣本，其中包括 22 個發達經濟體和 30 個新興經濟體[①]。

跨境資本流動作為模型分析的被解釋變量，通常情況下可以分為國際長期資本流動和國際證券投資流動兩大類，而本書為了更清晰地分析出跨境資本流動的方向，借鑑楊子暉等（2015）的方法將跨境資本流動具體劃分為外商直接投資、對外直接投資、對外證券投資和對內證券投資四類，具體的量化過程是計算這四類跨境資本流動的規模占 GDP 的比重。

金融發展作為模型的門檻變量，大多數文獻對金融發展的量化主要是通過廣義貨幣占 GDP 的比重來實現的。但 Levine 等（2008）認為對許多發達經濟體而言，其證券市場和債券市場都比較發達，流動性需求者通常可以通過證券市場或債券市場獲得資本，從而降低了其對廣義貨幣的需求。為更合理地量化金融發展指標，本書用廣義貨幣 M2 和國內股票市值之和與 GDP 的比值來表示金融發展指數。如表 6-2 所示，樣本區內各國（地區）金融發展均處於不斷深化的過程中。其中，美國金融發展指數從 2002 年的 172.83 增長到 2015 年的 228.85；英國和法國金融發展指數也都在樣本區內平緩增長，分別從 2002

---

① 在樣本以及新興經濟體和發達經濟體範圍的選取上，本書借鑑張明等（2014）的研究，選取 22 個發達經濟體（美國、日本、德國、加拿大、英國、法國、義大利、瑞士、瑞典、葡萄牙、西班牙、荷蘭、丹麥、芬蘭、愛爾蘭、希臘、冰島、以色列、紐西蘭、新加坡、韓國、中國香港）；30 個新興經濟體（中國、印度、俄羅斯、巴西、南非、印度尼西亞、馬來西亞、菲律賓、泰國、挪威、波蘭、羅馬尼亞、土耳其、保加利亞、白俄羅斯、烏克蘭、拉脫維亞、立陶宛、匈牙利、馬其頓、摩洛哥、墨西哥、阿根廷、智利、秘魯、哥倫比亞、伯利茲、玻利維亞、約旦、模里西斯）。

年的206.57和165.97增長到2015年的333.12和270.81；而中國香港和新興經濟體中的菲律賓的金融發展指數則都在樣本區內增長了約1倍。從均值結果來看，發達經濟體的金融發展指數顯著地要高於新興經濟體。從金融發展指數的描述性統計結果中可以發現，金融發展的強度和速度在各經濟體中呈現出一定的差異性。

表6-2 金融發展指數描述性統計結果①

	國家和地區	2002年	2005年	2008年	2011年	2013年	2015年	均值
發達經濟體	美國	172.83	201.99	163.3	188.57	233.34	228.85	204.529,3
	德國	273.53	331.83	242.05	289.36	377.33	512.44	342.07
	英國	206.57	239.75	226.7	266.34	287.45	333.12	264.157,9
	法國	165.97	194.17	186.19	208.37	233.06	270.81	213.317,9
	義大利	121.05	134.22	143.38	167.53	185.83	220.11	160.971,4
	日本	248.83	294.88	263.09	281.86	323.46	348.39	290.755,7
	加拿大	270	275.78	189.67	346.17	367.91	401.66	303.497,1
	香港	510.32	832.75	905.57	1,236.85	1,475.48	1,392.98	1,166.635
新興經濟體	印尼	63.54	71.83	57.67	80.43	77.07	80.4	77.052,86
	印度	86.54	130.76	132.68	134.09	139.48	151.15	145.302,9
	泰國	140.83	169.56	137.85	192.45	208.91	217.97	184.980,7
	土耳其	55.44	73.68	64.74	80.26	84.5	89.45	78.538,57
	模里西斯	108.7	139.23	143.16	164.75	171.9	168.91	156.298,6
	南非	215.86	280.07	249.12	264.12	327.31	308.08	293.452,9
	菲律賓	79	89.02	89.3	133.6	149.75	155.97	119.661,4
	巴西	80	113.65	107.45	128.95	124.79	120.83	124.460,7

數據來源：EPS全球宏觀經濟數據庫和作者計算整理。

資本帳戶開放程度是本章面板平滑轉換迴歸模型的核心變量，本章以Chinn-Ito（2015）指數為資本帳戶開放程度的量化指標，具體數據來自Chinn的個人網站②。淨利息率差是本國與美國利息率之差。除資本帳戶開放指標和淨利息率差，模型中的解釋變量還包括實際匯率、人均GDP、國民儲蓄率以

---

① 限於篇幅，本書只選取部分國家和地區的部分年份的金融發展指數進行製表，如果讀者對全部國家和地區全部年份的數據感興趣，可向筆者索取。

② 網址為http://web.pdx.edu/~ito/Chinn-Ito_website.htm。

及進出口貿易總額與 GDP 比值等變量。表 6-3 對本章實證分析模型中的各變量數據進行了描述性統計。

表 6-3 模型中各變量的描述性統計

變量	均值	標準差	最小值	最大值
外商直接投資	54.48%	0.49	0.42%	557.61%
對外直接投資	37.67%	0.46	-2.18%	487.91%
對外證券投資	54.48%	0.5	0	329.19%
對內證券投資	52.74%	0.62	0	406.21%
金融發展指數	258.08%	111.71%	5.88%	1,392.98%
資本帳戶開放程度	1.29	1.35	-1.91	2.47
淨利息率差	2.9	16.02	-11.51	149.2
貿易開放度	74.04%	0.65	17.31%	395.59%
人均 GDP	24,038	23,646	473	232,550
國民儲蓄率	23.98%	0.11	-8.71%	59.58%

數據來源：世界銀行、LMF、LFS 和 CEIC 數據庫以及筆者計算整理。

模型中各變量的描述性統計如表 6-3 所示，從均值中可以看出，四類跨境資本流動規模占 GDP 比重的均值均超過了 37%，這也從側面反應出跨境資本流動規模的變動會對經濟波動造成一定的影響，我們有必要對跨境資本流動進行較為深入的研究。同時，可以發現，外商直接投資與對外直接投資占 GDP 比重的均值差別較大，而對外證券投資和對內證券投資占 GDP 比重的均值差別較小，這意味著相較於直接投資而言，證券投資跨境流動更為均衡。

6.4 實證結果與分析

6.4.1 模型診斷檢驗

金融發展會給資本帳戶開放後的跨境資本流動狀況帶來顯著影響，樣本區內各國（地區）金融發展的變化會導致資本帳戶與跨境資本流動狀況之間存在一定的非線性關係。有鑒於此，本書在非線性框架下構建面板平滑轉換模型（PSTR）對資本帳戶開放的跨境資本流動效應展開實證分析。

在對面板平滑轉換模型（PSTR）進行系數估計之前，需要對模型的設定

進行檢驗，以構建最優的非線性迴歸模型。對模型設定的檢驗主要包括三個方面：一是對轉換函數形式設定的檢驗，即轉換函數中臨界值個數的確定，以保證非線性模型最優的 Logistic 轉換曲線；二是線性檢驗，驗證模型的非線性設定是否合理，這是 PSTR 模型設定的最重要前提；三是剩餘非線性檢驗，在非線性設定合理的基礎上需要對模型進行剩餘非線性檢驗，以確定模型中轉換函數的最優個數。

（1）轉換函數形式設定的檢驗。本書借鑑 Granger 等（1993）的方法，採用 AIC 和 BIC 準則來確定模型中轉換函數的臨界值個數。表6-4 的檢驗結果顯示，四類跨境資本流動的非線性模型中轉換函數的最優臨界值個數均為1。

表6-4 模型中轉換函數最優臨界值個數的確定

模型	外商直接投資		對外直接投資		對內證券投資		對外證券投資	
	$m=1$	$m=2$	$m=1$	$m=2$	$m=1$	$m=2$	$m=1$	$m=2$
轉換函數個數	1	2	1	2	1	2	1	2
AIC	6.594	7.531	6.312	7.412	6.173	7.854	7.174	7.985
BIC	6.655	7.517	6.465	7.471	7.135	7.915	7.235	7.996

（2）線性檢驗與剩餘非線性檢驗。為了保證檢驗結果的穩健性，本章採用了 LM、LM_F 和 $pseudo-LRT$ 三個統計量來檢驗模型轉換效應的顯著性，具體檢驗結果如表6-5 所示。從表6-5 中的三個統計量檢驗結果可以看出，基於四類不同跨境資本流動的非線性模型中的 LM 統計量、LM_F 統計量和 $pseudo-LRT$ 統計量均拒絕原假設，說明本章構建的基於外商直接投資、對外直接投資、對外證券投資和對內證券投資四類不同跨境資本流動的資本帳戶開放非線性模型具有一定的合理性。也就是說，受國內金融發展初始條件的影響，資本帳戶開放與四大類跨境資本流動規模之間存在顯著的非線性效應。接下來，本章繼續在線性檢驗的基礎上展開剩餘非線性檢驗，來確定非線性模型中設置轉換函數的最優個數，具體檢驗結果見表6-5。從表6-5 的檢驗結果我們可以看出，在 5% 的顯著性水準上，基於四種不同跨境資本流動類型的資本帳戶開放非線性模型的最優轉換函數設置個數均為1。

表 6-5　線性檢驗與剩餘非線性檢驗結果

模型	假設條件	LM_F m=1	LM_F m=2	LM m=1	LM m=2	$pseudo-LRT$ m=1	$pseudo-LRT$ m=2
外商直接投資	$H_0: \gamma=0 / H_1: \gamma=1$	128.724*** (0.000)	60.563*** (0.000)	119.818*** (0.000)	529.662*** (0.000)	115.302*** (0.000)	163.192*** (0.000)
	$H_0: \gamma=1 / H_1: \gamma=2$	3.234, 2 (0.001.2)	2.994 (0.062)	3.616 (0.072)	3.256 (0.076)	0.022 (0.927)	0.087 (0.872)
對外直接投資	$H_0: \gamma=0 / H_1: \gamma=1$	146.061*** (0.000)	35.425*** (0.000)	125.219*** (0.000)	571.292*** (0.000)	198.778*** (0.000)	101.441*** (0.000)
	$H_0: \gamma=1 / H_1: \gamma=2$	2.947 (0.098)	1.172 (0.425)	2.798 (0.112)	2.755 (0.115)	0.035 (0.988)	0.004 (0.962)
對內證券投資	$H_0: \gamma=0 / H_1: \gamma=1$	9.354*** (0.000)	21.112*** (0.000)	19.996*** (0.000)	598.063*** (0.000)	48.011*** (0.000)	63.053*** (0.000)
	$H_0: \gamma=1 / H_1: \gamma=2$	3.138 (0.093)	3.507 (0.042)	3.599 (0.073)	3.722 (0.068)	0.075 (0.911)	0.029 (0.904)
對外證券投資	$H_0: \gamma=0 / H_1: \gamma=1$	32.098*** (0.000)	42.239*** (0.000)	33.796*** (0.000)	597.571*** (0.000)	135.453*** (0.000)	119.578*** (0.000)
	$H_0: \gamma=1 / H_1: \gamma=2$	1.686 (0.073)	1.371 (0.395)	1.828 (0.211)	2.979 (0.089)	0.005 (0.961)	0.004 (0.967)

註：括號內為統計量的 P 值；*、** 和 *** 分別表示在 10%、5% 和 1% 顯著性水準上通過檢驗。

6.4.2 非線性模型的參數估計

通過上文對非線性模型設定的檢驗結果我們可以看出，本章在非線性框架下展開的資本帳戶開放的跨境資本流動效應的實證分析具有一定的合理性。為此，本節將繼續對上述非線性模型中的參數進行估計。借鑑 Gonzalez 等（2005）、楊子暉等（2011，2015）的方法，本章採用最小二乘法對上述非線性模型中的參數進行估計。具體原理是在模型殘差平方和最小的原則下通過格點法搜索並計算出最小參數估計值，然後將其設置為非線性模型的最優算法初始參數，在保證模型參數收斂的基礎上對模型進行估計。具體估計結果見表6-6。

表 6-6　PSTR 模型參數估計結果

模型	外商直接投資	對外直接投資	對內證券投資	對外證券投資
斜率參數 γ	0.462***	0.163***	0.171***	0.219***
	(0.027)	(0.007)	(0.004)	(0.004)
位置參數 c	247.055***	139.501***	139.402***	135.727***
	(0.002)	(0.557)	(0.201)	(0.143)
資本帳戶開放程度	2.966***	−1.086***	−2.619**	2.697**
	(0.872)	(0.089)	(1.318)	(1.479)
$Cal_{it}g(Findev_{it};\gamma,c)$	4.272**	3.751***	8.867***	11.891***
	(1.696)	(1.309)	(1.793)	(1.766)
淨利息率差	0.447***	0.168**	0.011	0.199***
	(0.055)	(0.059)	(0.008)	(0.077)
貿易開放度	0.632***	0.506***		0.477***
	(0.019)	(0.019)		(0.018)
股票市值/GDP	0.209***	0.248***	0.148***	0.209***
	(0.016)	(0.018)	(0.021)	(0.019)
國民儲蓄率	−0.728***	−0.326***	−0.198*	
	(0.112)	(0.097)	(0.147)	
人均 GDP		0.002***	0.001***	0.002***
		(0.000,1)	(0.000,1)	(0.000,1)
轉換函數個數	1	1	1	1
AIC (β_1)	6.594	6.312	6.173	7.174
BIC (β_2)	6.655	6.465	7.135	7.235

註：括號內為估計係數相對應的標準差；*、** 和 *** 分別表示在 10%、5% 和 1% 顯著性水準上通過檢驗。

从表6-6中的非線性模型參數估計結果可以看出，四個模型的斜率參數 γ 估計值均較小（最大估計值也僅為0.462），這意味著四個模型的平滑轉換特徵均較為明顯，資本帳戶開放與四類跨境資本流動規模之間均呈現出漸進演變的非線性關係[①]。同時，轉換函數的系數 β_2 估計值也均為正數，表明金融發展程度的提升可以抵消各國資本帳戶開放對跨境資本流動的負效應影響，並由此使得資本帳戶開放與跨境資本流動之間呈現出非線性特徵。

此外，進一步分析表6-6中的估計結果可以看出，資本帳戶開放會促進外商直接投資、對外直接投資和對外證券投資三類跨境資本流動規模的增加，而降低對內證券投資跨境流動的規模。資本帳戶開放會拓寬資金跨境流動的渠道和降低資金跨境交易的成本，從而加大資金的跨境流動規模。同時，資本帳戶開放程度越高，境內資本市場回報率與世界市場就越會相差無幾，資本帳戶開放程度提高，國內金融市場對跨境資本的吸引力也會相應地逐漸減少，由此會使對內證券投資規模呈現下降趨勢。資本帳戶開放給對內證券投資帶來的負效應會大於正效應，因此，資本帳戶開放與對內證券投資之間為負相關關係。淨利息率差對四類跨境資本流動規模的影響均是正向的，這與理論分析結論相一致。資本會流向利息率更高的國家，且利息率相差越大，流入利息率更高的國家的資本規模也會越大。貿易開放度對跨境資本流動也具有正向影響，這一實證結果與Cavallo等（2004）以及Prassad等（2008）的研究結論相一致。一國或地區貿易開放程度越高，意味著該國或地區市場的全球化程度也越高，因而國際資本在該國或地區的流動規模也會越大。國民儲蓄率對跨境資本流動的影響則是負向的。人均GDP和股票市值與GDP之比的增加均會帶動跨境資本流動規模增加。人均GDP和股票市值與GDP之比的增加意味著境內經濟發展趨好，金融市場活躍，會增加對國際資本的吸引力，從而帶動直接投資和證券投資。

6.4.3 新興經濟體與發達經濟體的比較

針對新興經濟體和發達經濟體跨境資本流動呈現出的規模和特徵差異，本書將總樣本中的52個國家和地區劃分為兩組：一組為新興經濟體，共30個；另一組為發達經濟體，共22個。然後本書分別研究新興經濟體與發達經濟體資本帳戶開放後跨境資本流動變化差異的內在機理，為中國政府當局開放資本帳戶提供決策依據。同上述PSTR模型檢驗和參數估計步驟一致，我們首先需

[①] 斜率參數 γ 決定著模型的轉換速度。γ 值越大，模型轉換的速度就越快；當 γ 趨近於無窮大時，轉換函數將演變成示性函數，平滑轉換模型也會退化成門限模型。

要對分樣本的 PSTR 模型設定進行相關檢驗。具體結果如表 6-7 所示。

表 6-7　線性檢驗結果（分樣本）

模型	樣本分類	LM_F 統計量	LM 統計量	$pseudo-LRT$	結論
外商直接投資	發達經濟體	29.142 (0.000)	27.089 (0.000)	24.201 (0.000)	拒絕原假設
	新興經濟體	20.017 (0.000)	17.614 (0.000)	16.109 (0.000)	拒絕原假設
對外直接投資	發達經濟體	20.217 (0.011)	7.897 (0.038)	31.462 (0.002)	拒絕原假設
	新興經濟體	28.973 (0.000)	14.953 (0.002)	55.402 (0.021)	拒絕原假設
對內證券投資	發達經濟體	6.903 (0.003)	8.168 (0.004,1)	21.169 (0.008)	拒絕原假設
	新興經濟體	29.874 (0.000)	35.781 (0.000)	44.092 (0.014)	拒絕原假設
對外證券投資	發達經濟體	7.018 (0.000)	7.974 (0.002)	22.307 (0.000)	拒絕原假設
	新興經濟體	21.504 (0.001)	28.117 (0.007)	41.097 (0.007)	拒絕原假設

註：括號內為估計系數相對應的標準差。

通過表 6-7 的迴歸結果我們可以發現，分樣本情況下的四類資本跨境流動模型的 LM 統計量、LM_F 統計量和 $pseudo-LRT$ 統計量也都在 5% 的顯著水準上拒絕原假設，分樣本面板數據的非線性設定也均為合理。接著，我們對分樣本數據進行剩餘非線性檢驗，具體檢驗結果見表 6-8。

表 6-8　剩餘非線性檢驗結果（分樣本）

模型	樣本分類	$H_0:\gamma=0 / H_1:\gamma=1$	$H_0:\gamma=1 / H_1:\gamma=2$	結論
外商直接投資	發達經濟體	12.164 (0.012)	1.633 (0.663)	$\gamma=2$
	新興經濟體	1.551 (0.745)		$\gamma=1$
對外直接投資	發達經濟體	5.209 (0.257)		$\gamma=1$
	新興經濟體	4.686 (0.317)		$\gamma=1$
對內證券投資	發達經濟體	11.054 (0.009)	6.427 (0.172)	$\gamma=2$
	新興經濟體	6.674 (0.109)		$\gamma=1$
對外證券投資	發達經濟體	5.547 (0.097)		$\gamma=1$
	新興經濟體	6.032 (0.114)		$\gamma=1$

通過對分樣本 PSTR 模型的剩餘非線性檢驗結果的分析，我們發現，發達經濟體的外商直接投資模型和對內證券投資模型為三區制模型，而新興經濟體的外商直接投資、對外直接投資、對內證券投資和對外證券投資以及發達經濟體的對外直接投資和對外證券投資六個模型均為兩區制模型。在對各分樣本的 PSTR 模型檢驗完成之後，我們仍像上文一樣採用非線性最小二乘法估計各模型的參數，具體結果如表 6-9 所示。

從表 6-9 的模型參數估計結果來看，無論是兩區制轉換模型還是三區制轉換模型，模型中轉換函數參數的估計值均為正數，表明資本帳戶開放與新興經濟體和發達經濟體跨境資本流動之間的關係隨著金融發展存在漸進演變趨勢。同時，所有四類跨境資本流動模型中新興經濟體的斜率參數 γ 估計值均大於發達經濟體的斜率參數 γ 估計值，說明相較於發達經濟體，新興經濟體的資本帳戶開放與跨境資本流動之間非線性關係的轉換速度更快，即在金融發展的作用機制下，資本帳戶開放對新興經濟體跨境資本流動影響的動態效應更加顯著。對比四類跨境資本流動模型中新興經濟體和發達經濟體的資本帳戶開放程度參數估計結果可以發現，新興經濟體的跨境資本流動受資本帳戶開放程度變化的影響更大，這從一定程度上解釋了新興經濟體資本帳戶開放後引致的跨境資本流動給本國經濟帶來的衝擊大於發達經濟體這一典型事實。

此外，從表 6-9 的其他變量參數估計的結果中可以發現，淨利息率差對新興經濟體跨境資本流動規模的影響效應比發達經濟體大，而根據傳統國際資本流動理論，淨利息率差對跨境資本流動的影響只在短期內存在，這意味著相較於發達經濟體，淨利息率差會給新興經濟體帶來更大的短期資本流動規模，造成跨境資本在新興經濟體「大進大出」的現象。貿易開放度在新興經濟體對跨境資本流動規模的影響也較為顯著，這是因為境內金融發展水準可以在某種程度上抵消全球金融波動給本國經濟帶來的衝擊，而新興經濟體金融發展程度較發達經濟體弱，因此，新興經濟體跨境資本流動規模受貿易開放程度的影響更為顯著。國民儲蓄率參數估計系數在新興經濟體樣本中的結果為負數，而在發達經濟體的樣本中為正數，這意味著國民儲蓄的提升對新興經濟體跨境資本流動起到負向作用，對發達經濟體跨境資本流動起促進作用。人均 GDP 對新興經濟體跨境資本流動的影響效應會顯著地大於發達經濟體，這與傳統國際資本流動理論所預測的結果相一致。人均 GDP 越高的國家往往經濟發展水準越高而經濟增長率越低，傳統國際資本流動理論認為資本會流向經濟增長率較高的國家，因此，人均 GDP 對新興經濟體跨境資本流動影響會更大。

表 6-9　PSTR 模型參數估計結果（分樣本）

模型	外商直接投資 發達經濟體	外商直接投資 新興經濟體	對外直接投資 發達經濟體	對外直接投資 新興經濟體	對內證券投資 發達經濟體	對內證券投資 新興經濟體	對外證券投資 發達經濟體	對外證券投資 新興經濟體
斜率參數 γ	0.402*** (0.001)	0.975*** (0.026)	0.159** (0.012)	0.678*** (0.000)	0.172*** (0.001)	1.104*** (0.003)	0.219*** (0.000)	1.407** (0.011)
位置參數 c	257.033*** (0.001)	144.096*** (0.112)	139.502*** (0.547)	98.403** (0.714)	139.408*** (0.211)	90.974*** (0.047)	134.527*** (0.155)	88.507*** (0.106)
資本帳戶開放程度	2.066*** (0.618)	3.173*** (0.408)	−0.079*** (0.086)	−1.862*** (0.174)	−1.617** (0.986)	−3.839*** (0.995)	2.095* (1.257)	3.217*** (1.007)
$Cal_{it}\,g(Findev_{it};\gamma,c_1)$	3.807** (1.606)	4.845*** (0.228)	2.763** (1.022)	4.097*** (0.087)	7.864** (1.701)	10.086*** (1.913)	10.898*** (1.766)	12.219*** (1.098)
$Cal_{it}\,g(Findev_{it};\gamma,c_2)$	1.447*** (0.109)				2.226** (1.092)			
淨利息率差	0.228*** (0.055)	1.502*** (0.101)	0.146*** (0.059)	1.168*** (0.071)	0.006*** (0.005)	0.911*** (0.003)	0.184*** (0.077)	1.228*** (0.091)
貿易開放度	0.519*** (0.011)	0.732*** (0.019)	0.274*** (0.019)	0.603*** (0.021)	0.377*** (0.018)		0.377*** (0.018)	0.499*** (0.009)
股票市值/GDP	0.119*** (0.009)	0.334*** (0.144)	0.148*** (0.027)	0.447*** (0.109)	0.089** (0.001)	0.209*** (0.033)	0.114 (0.112)	0.277*** (0.091)
國民儲蓄率	0.881*** (0.098)	−0.528*** (0.182)	0.452*** (0.183)	−0.204** (0.112)	0.315*** (0.007)	−0.118 (0.127)		
人均 GDP			0.002* (0.000)	0.021* (0.000)	0.003* (0.000)	0.011** (0.000)	0.001* (0.000)	0.012** (0.000)
轉換函數個數	2	1	1	1	2	1	1	1
AIC	7.642	6.605	6.201	5.645	7.743	6.062	7.063	6.407
BIC	7.628	6.544	6.354	5.798	7.804	7.024	7.124	6.346

6.4.4 對資本帳戶開放與跨境資本流動非線性關係的進一步分析

從上述各模型的參數估計結果可以看出，無論是新興經濟體還是發達經濟體，資本帳戶開放都可以帶動外商直接投資和對外證券投資，進而加大跨境資本流動規模。同時我們還可以發現，資本帳戶開放也會對新興經濟體和發達經濟體的對外直接投資和對內證券投資起到負向影響。傳統國際資本流動理論認為，資本帳戶開放程度越高的國家和地區，境內投資回報率與世界市場投資回報率水準相差越小，因此，這些國家和地區的境內資產對國際資本的吸引力也會越小，從而導致資本帳戶開放程度的提升給對內證券投資帶來抑製作用。但 Alfaro 等（2010）、Park 等（2012）認為這種負向抑制效應會因境內金融發展帶來的投資機會增加和投資效率提升而在一定程度上被抵消。因此，受金融發展水準變化的影響，資本帳戶開放與跨境資本流動之間的關係具有非線性特徵。為進一步分析和刻畫這種非線性特徵，本書根據樣本時間區間內（2002—2015 年）各國和地區的金融發展指數平均數，結合各迴歸模型中轉換函數的系數 β_2 估計值，計算出與其相對應的關係參數值。以此為基礎，本書畫出了樣本中 52 個國家和地區四類跨境資本流動與資本帳戶開放之間的非線性散點關係圖，具體見圖 6-1 到圖 6-4。

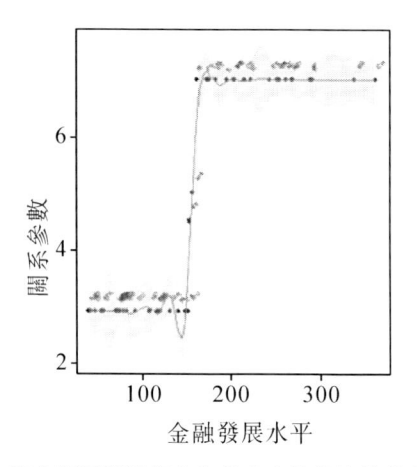

圖 6-1　資本帳戶開放程度與外商直接投資的非線性關係

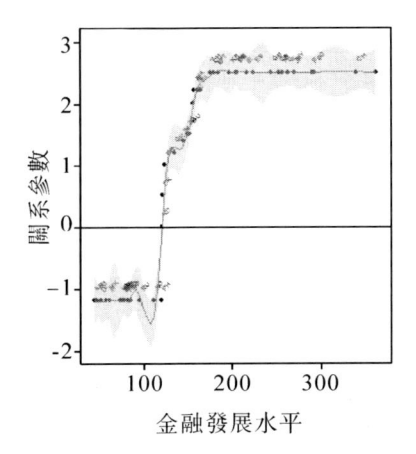

圖 6-2 資本帳戶開放程度與對外直接投資的非線性關係

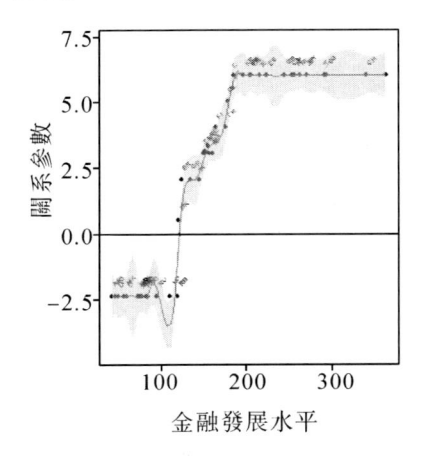

圖 6-3 資本帳戶開放程度與對內證券投資的非線性關係

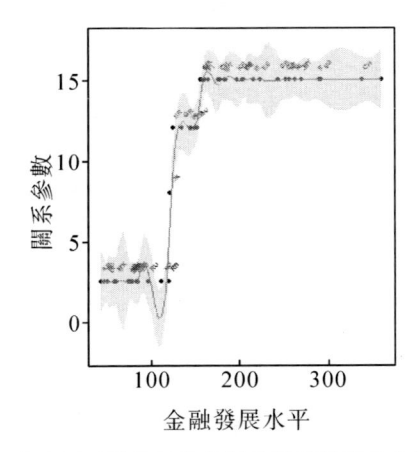

圖 6-4 資本帳戶開放程度與對外證券投資的非線性關係

由圖6-1可以看出，金融發展水準越高，資本帳戶開放對外商直接投資的影響越大。從圖6-1中各國和地區的散點分佈來看，大多數新興經濟體仍處於金融發展水準低區制內（金融發展水準小於位置參數157），而發達經濟體大多處於金融發展水準高區制內（金融發展水準大於位置參數157），這意味著金融發展水準在新興經濟體並未起到提升資本帳戶開放程度後擴大外商直接投資效應的作用，而對發達經濟體起到了提升資本帳戶開放程度後擴大外商直接投資效應的作用。由圖6-2可以看出，資本帳戶開放會給處於金融發展水準低區制內的國家和地區（金融發展水準小於位置參數120）的對外直接投資帶來負向效應，但這種負向效應會隨著金融發展水準的提升逐步變小並轉換為正向效應。相同的情況也會出現在對內證券投資方面，如圖6-3所示，處於低區制內的國家和地區（金融發展水準小於位置參數121）的資本帳戶開放與對內證券投資之間是反向促進關係，而隨著金融發展水準的提升，投資機會的增多和投資效率的提升會逐漸抵消部分負向效應，金融發展水準處於高區制內的國家和地區（大於位置參數121）的資本帳戶開放便會促進對內證券投資。從圖6-4我們可以看出，所有國家和地區的關係參數均為正數，說明資本帳戶開放無論是對新興經濟體來說還是對發達經濟體而言都會促進對外證券投資，且當該國或地區境內金融發展水準較高（大於位置參數121）時，資本帳戶開放會使對外證券投資增加的幅度增加。

進一步地，本章列出了中國自2002年以來的金融發展水準變化趨勢，並根據上述系數估計值計算出與其相對應的各類跨境資本流動的關係參數，具體如圖6-5所示。

從圖6-5中我們可以看出，中國金融發展水準在不斷提升，同時，受中國金融發展水準不斷提升的影響，資本帳戶開放與外商直接投資、對外直接投資、對外證券投資和對內證券投資四類跨境資本流動之間的關係存在著漸進演變的非線性特徵。中國國內金融發展指數從2002年的165增長到2015年的271，資本帳戶開放與四類跨境資本流動之間的關係參數值也都相應增加。因此，我們可以得出結論：伴隨著中國國內金融改革的不斷深化，資本帳戶開放對來華直接投資、中國對外直接投資以及來華證券投資和中國對外證券投資四類跨境資本流動的規模都呈現出了彈性越來越大的增長趨勢。

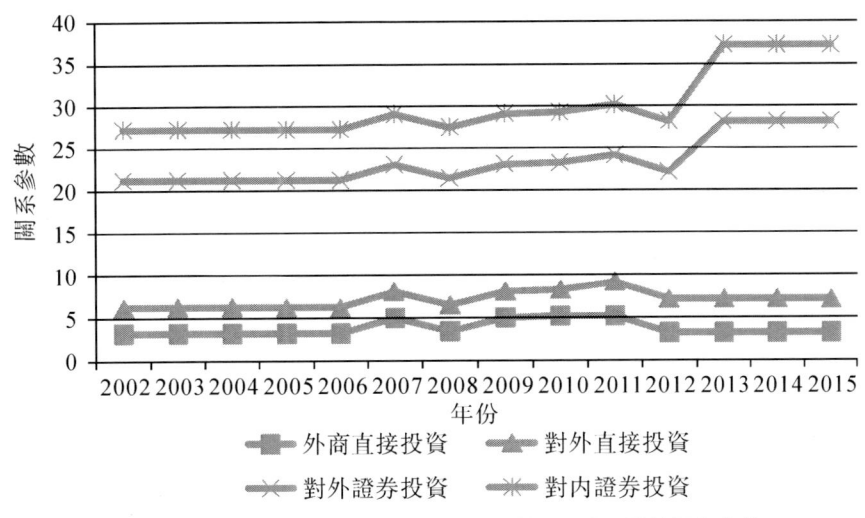

圖 6-5　中國資本帳戶開放與四類跨境資本流動之間的關係參數

6.5　本章小結

　　本章採用面板平滑轉換迴歸模型（PSTR）在非線性框架下研究資本帳戶開放與外商直接投資、對外直接投資、對內證券投資和對外證券投資四類跨境資本流動之間的關係，並結合金融發展探究資本帳戶中的直接投資和股本證券投資類子領域跨境資本流動效應的漸進演變。在此基礎上，本章進一步對比和分析了資本帳戶開放與跨境資本流動之間的關係在新興經濟體和發達經濟體表現出的差異。通過本書的研究結果，我們可以得出以下幾點結論：第一，在外商直接投資和對外證券投資方面，無論是新興經濟體還是發達經濟體，資本帳戶開放都會對這兩類跨境資本流動的規模起到促進作用，且這種促進作用會隨著金融發展水準的提升而增強，呈現出非線性特徵。同時，外商直接投資非線性模型估計出的金融發展水準位置參數值恰好使得大多數新興經濟體落入低區制範圍內，發達經濟體落入高區制範圍內，這說明了新興經濟體受國內金融發展水準影響，使得其資本帳戶開放的外商直接投資效應水準偏低，而金融發展水準在發達經濟體普遍起到了提升資本帳戶開放的跨境資本流動效應的作用。第二，在對外直接投資和對內證券投資方面，當金融發展水準處於較低水準（低於對應的位置參數估計值）時，資本帳戶開放與對外直接投資和對內證券投資規模之間為負相關關係，即資本帳戶開放程度越高，該國（地區）對外

直接投資和對內證券投資的規模反而越低；而當金融發展水準處於較高的區制範圍內（高於對應的位置參數估計值）時，資本帳戶開放會促進對外直接投資和對內證券投資。第三，相較於發達經濟體，新興經濟體的四類跨境資本流動與資本帳戶開放之間非線性關係的轉換速度更快，即在金融發展水準作用機制下，資本帳戶開放對新興經濟體跨境資本流動影響的動態效應更加顯著。

7 資本帳戶開放的人民幣國際化效應

回顧前文，第四、五章主要探討了一國（地區）在資本帳戶開放決策過程中應如何根據自身初始條件最優地選擇開放時機，具體涉及的兩個問題包括初始條件如何影響資本帳戶開放的綜合效應以及在開放綜合效應最大化目標下資本帳戶各子領域如何進行有序開放。在試圖解決「何時開放」和「如何開放」的問題之後，一國政府當局更為關心的是資本帳戶開放到底能給本國帶來什麼？其中，跨境資本流動是資本帳戶開放最為直接和最為直觀的效應，資本帳戶開放帶來的收益和風險也都是由跨境資本流動引致的。為此，本書在第六章構建了資本帳戶開放的跨境資本流動非線性模型，結合金融發展水準，分析了資本帳戶開放與跨境資本流動之間關係的非線性特徵，並比較和分析了新興經濟體和發達經濟體跨境資本流動差異的內在機理。

然而，對於中國來說，資本帳戶開放帶來的另一個備受關注的收益是人民幣國際化。這構成了本書重點關注的另一個資本帳戶開放效應問題。本章採用實證分析的方法更進一步地探討了資本帳戶開放的人民幣國際化效應大小及效應產生的機制。

7.1 研究問題

從美元、英鎊等國際貨幣的發展過程中我們可以看出，資本帳戶開放成為貨幣走出國門，變成國際貨幣過程中的關鍵一環，這是由貨幣在國際範圍內延伸自身貨幣職能的內在本質決定的（Eichengreen et al., 2015；張國兵，2013；丁一兵，2016）。當前，關於人民幣資本帳戶開放的爭論核心也主要是圍繞人

民幣國際化展開的。部分學者認為，中國政府在努力推進人民幣國際化之前，應先實現人民幣資本項目下的完全可兌換，這一觀點的內在邏輯在於資本帳戶開放是人民幣國際化的關鍵前提條件（中國人民銀行調查統計司，2012；許少強，2003；趙慶明，2005）。也有部分學者認為，中國沒有必要在資本帳戶完全開放之後再推進人民幣國際化，人民幣國際化和資本帳戶開放之間是相輔相成的關係，若在資本帳戶完全開放之後再推進人民幣國際化，則會錯失很多人民幣國際化發展的關鍵機遇（餘永定，2014；姜波克，2004；嚴佳佳 等，2014；高海紅，2010；高海紅，2016）。通過對現有文獻的梳理，我們可以看出，大多數文獻僅僅從定性的角度去分析和評判資本帳戶開放與人民幣國際化之間的關係，而鮮有文獻以定量分析的方法去量化分析資本帳戶開放是否可以促進人民幣國際化，即實證分析資本帳戶開放是否具有人民幣國際化效應。為在研究方法上對現有文獻進行有益的補充，本章利用 2002—2013 年的季度數據，結合第二章中計算出的中國實際資本帳戶的開放度，引入經典的「貨幣錨」模型，在面板數據的基礎上，定量討論資本帳戶開放對人民幣國際化「貨幣錨」地位的影響。本章剩餘部分的結構和安排：首先從理論上分析資本帳戶開放促進人民幣國際化的機制；其次，在經典「貨幣錨」模型的基礎上構建資本帳戶開放的人民幣國際化效應模型；再次，從貨幣職能維度分析人民幣國際化路徑，並依此選取實證分析的樣本國家和相關數據；最後，利用相關數據實證分析資本帳戶開放的人民幣國際化效應，並得出迴歸結果。

7.2 理論假說的提出

資本帳戶是由直接投資、股本證券投資、金融衍生工具等其他幾類子項目共同組成的（馮維江，2010；付爭 等，2014）。因此，我們可以將資本帳戶開放與人民幣之間的關係理解為資本帳戶通過各子項目的開放來帶動和推進人民幣國際化。在直接投資類資本方面，資本帳戶開放程度越高，流入或者流出該國的直接投資資本也會越多。根據巴拉薩-薩繆爾森原理，當一國有大量的直接投資類國際資本進入該國時，在浮動匯率機制下，該國本幣的實際匯率會有升高趨勢；而在固定匯率機制下，為維持本幣匯率不變，該國貨幣政府當局會在市場上增加本國貨幣的投放量，以維持本幣匯率不變，但本幣的實際匯率會升高。在股本證券類資本方面，資本帳戶開放意味著大量國際股本投資類資本會流向該國國內金融市場，給該國的本國貨幣實際匯率造成上升壓力，而本國

貨幣匯率升高又會帶來兩個方面的效應：一方面，本國貨幣匯率的升高會吸引大量股本投資類資本的流入，進而又再次擴大資本帳戶的開放，使資本帳戶開放程度在實際匯率提升機制作用下不斷提升；另一方面，本國實際匯率穩步提升，意味著該國貨幣具有穩定性，從而會使越來越多的國際經貿活動選擇以該國貨幣充當計價貨幣。在金融衍生工具和其他資本類方面，一國資本帳戶開放程度越高，意味著該國貨幣流出該國進入國際市場流入其他國家的數量也就越多，隨著這部分貨幣數量的增加，越來越多的國家會傾向於選擇以該國貨幣為投資和儲備貨幣，從而推動該國貨幣在國際貨幣體系中地位的提升，這為該國貨幣成為國際貨幣奠定了堅實的物質基礎。

從另一視角來看，當前資本帳戶開放程度是否在某種程度上對人民幣國際化的進程產生了限制？在人民幣發揮貿易結算職能方面，隨著人民幣跨境貿易結算的快速發展，以及中國貨幣當局與其他國家貨幣當局簽訂人民幣互換協議數量的增加，人民幣在國際貿易結算體系中的地位逐步提升。隨著人民幣在國際貿易結算體系中地位的提升，中國企業在參與國際貿易活動中遭遇的匯兌風險也會隨之降低。但人民幣資本帳戶常常存在匯兌限制，這令人民幣在國際貿易實際交易過程中承擔支付貨幣的職能超過了其承擔計價貨幣的職能，這在某種程度上限制了人民幣國際貨幣地位的上升。在人民幣匯率形成機制方面，人民幣匯率形成過程中市場化程度不夠，且與離岸人民幣貨幣市場之間存在隔閡，這為國際投機資本參與人民幣套匯和套利活動提供了機會，從而增加了人民幣匯率的波動性，使人民幣穩定性受到威脅，在某種程度上限制了人民幣國際化的有效推進。在各類跨境資本流動的管制方面，中國貨幣當局對股本證券、直接投資等類別資本參與國際經貿活動進行了一定程度的限制，從而阻礙了人民幣作為投資資本流出和流入國內，減弱了人民幣充當國際貨幣的基礎，限制了人民幣國際化的進程。

通過上文對資本帳戶開放和管制兩個視角對人民幣國際化作用的理論機制分析，我們可以看出，資本帳戶開放與人民幣國際化之間存在一定的正向相關關係。因此，本書提出理論假說 7.1。

理論假說 7.1：資本帳戶開放程度越高，人民幣國際化程度就會越高。

7.3 實證模型的構建

7.3.1 貨幣國際化的衡量標準

通常研究主要基於貨幣的計價、儲備和投資職能的角度來對貨幣國際化進行量化和衡量。由上文理論機制分析，我們可以看出，資本帳戶開放通過匯率機制傳導會對人民幣國際化產生作用，這與經典的「貨幣錨」模型通過匯率的角度衡量人民幣國際化具有一定的一致性。為此，本書借鑑貨幣國際化量化模型中的經典模型——「貨幣錨」模型，來實證分析資本帳戶開放的人民幣國際化效應。

「貨幣錨」模型初次出現於 1992 年 Frankel 對日元兌換美元匯率的實證討論中。隨後，Ohno 於 1999 年在 Frankel（1992）的研究基礎上，運用同樣的研究方法對研究樣本中的數據進行了更新。在研究過程中，Ohno（1999）對 Frankel（1992）的研究做了部分改進，Ohno（1999）用瑞士法郎來表示每一種貨幣幣值，然後對它們進行對數化處理，這樣更有利於對計量結果進行比較分析，Ohno（1999）研究中經典的「貨幣錨」模型如下：

$$\Delta currency/sw = const. + \alpha(\Delta dollars/sw) + \beta(\Delta yen/sw) \qquad (7.1)$$

其中，$currency/sw$ 是以瑞士法郎表示的東亞各國貨幣的幣值，而 $dollars/sw$ 是以瑞士法郎表示的美元幣值，yen/sw 是以瑞士法郎表示的日元幣值。

在 Ohno（1999）研究之後，學術界也運用「貨幣錨」模型做了大量研究，這些研究可以從以下三個方面來討論。

第一，一些文獻主要以東亞、南亞、東南亞等地的國家為研究樣本。這類文獻提出，由於這些國家在經濟和政治上對美國具有較為顯著的不對稱依賴，通常而言，這些國家的貨幣匯率會以美元為參照標準，以盡量減少本國企業在參與國際經貿活動中的匯率風險。McKinnon（2000）運用經典的「貨幣錨」模型對這一現象進行了實證分析，並論證了東亞國家主權貨幣確實存在較為顯著的「貨幣錨」特性。在隨後的解釋中，McKinnon（2000）認為亞洲大部分國家選擇美元作為本國貨幣的「貨幣錨」，是因為美元可以在亞洲大部分國家的國際經貿往來中，發揮計價貨幣職能，同時也可以在外匯即期和遠期市場中，發揮國際清償支付職能。McKinnon（2000）文中的「貨幣錨」模型具體如下：

$$e_t^{EA/SF} = \alpha_1 + \alpha_2 e_t^{USD/SF} + \alpha_3 e_t^{JPY/SF} + \alpha_4 e_t^{M/SF} + \mu_t \qquad (7.2)$$

相較於模型（7.1）而言，模型（7.2）在被解釋變量中增加了德國馬克。之後，McKinnon（2005）、McKinnon 和 Schnabl（2004）又在 McKinnon（2000）的研究基礎上強化了這一模型。他們同樣論證了東亞國家存在較為明顯的美元「貨幣錨」特徵。此外，Taro Esaka（2003）測算了1997年東亞國家的美元本位制現象，他在傳統「貨幣錨」OLS模型迴歸的基礎上，將樣本數據分為不同時間段的子樣本，並運用卡爾曼濾波的方法來進行處理，然後進行極大似然估計迴歸。

第二，一些文獻提出新興經濟體貨幣應當以美元或是一種超主權貨幣為自身貨幣匯率的錨定貨幣。這部分學者主要以 Jeon 和 Zhang（2007）、Larrain 和 Tavares（2003）、Kim（2007）為主。值得注意的是，他們的這種觀點及研究結論被很多國家關注和重視。

第三，一些文獻提出新興經濟體應當在本國對外貿易的基礎上選擇一攬子貨幣作為本國貨幣的錨定貨幣，在一攬子貨幣選取中，以與本國經貿關聯密切為原則，選取與本國貿易比重高的國家的主權貨幣進入貨幣籃子。這一方面的文獻主要以 Williamson（2005）、Ogawa 和 Shimizu（2006）等人的研究為代表。

此外，還有一些文獻提出應當弱化「貨幣錨」概念。Reid W. Click（2009）利用1999—2007年的日數據實證考察了2008年全球金融危機以前部分東亞國家（如越南、印度尼西亞、新加坡、馬來西亞、菲律賓和泰國）「貨幣錨」的特徵及其演變趨勢。實證結果表明：東亞國家的貨幣與全球國際化貨幣之間的一體化程度在不斷降低，除英鎊之外，傳統的國際化程度較高的主權貨幣如美元、日元和歐元已經不再是這些亞洲國家貨幣的主要錨定貨幣。

7.3.2 模型的設定

本章研究的核心問題是實證分析資本帳戶開放是否有助於人民幣國際化，即資本帳戶開放是否具有人民幣國際化效應。因此，在實證分析之前，人民幣國際化的指標量化成為首要問題。綜合上文闡述，本書採用經典的「貨幣錨」模型作為資本帳戶開放的人民幣國際化效應的基礎模型，具體如下：

$$currency_{it} = \alpha_1 + \alpha_2 USD_{it} + \alpha_3 EUR_{it} + \alpha_4 JPY_{it} + \\ \alpha_5 GBP_{it} + \alpha_6 CNY_{it} + \alpha_7 CHF_{it} + \mu_{it} \qquad (7.3)$$

根據前文的理論機制分析，資本帳戶開放與人民幣匯率變動之間存在交互作用，因此，本書在「貨幣錨」基礎模型中加入一個交互項來討論資本帳戶開放對人民幣國際化的影響，具體模型如下：

$$currency_{it} = \alpha_1 + \alpha_2 USD_{it} + \alpha_3 EUR_{it} + \alpha_4 JPY_{it} + \alpha_5 GBP_{it} + \alpha_6 CNY_{it} +$$
$$\alpha_7 CHF_{it} + \alpha_8 KAOPEN_{II} * CNY_{it} + \mu_{it} \qquad (7.4)$$

其中，$KAOPEN_{II} * CNY_{it}$ 為資本帳戶開放變量與人民幣匯率的交互項，以考察資本帳戶開放對人民幣國際化的影響。II 為 1 到 3，分別表示本書第三章中所計算的中國資本帳戶實際開放度 $KAOPEN_1$、$KAOPEN_2$、$KAOPEN_3$。

7.4 樣本、變量及數據說明

就現階段關於人民幣國際化路徑的探討來看，大多數學者基於地域視角提出人民幣國際化應當遵循「先周邊化，再亞洲化，最後全球化」的路徑選擇，部分合理地刻畫了人民幣國際化的區域順序，即從地緣周邊擴散至亞洲和全球這一基本路徑。但事實上，地緣主義的區域基礎選擇具有一定的局限性，機械地遵循地理上的由近及遠原則很可能會忽略一些具備一定非正式制度基礎的「較遠」區域，而卻又在不易擴展的「周邊」區域投入過多資源，從而限制人民幣國際化的有效推進。為此，人民幣國際化的區域佈局應當超越亞洲一隅，兼具「亞洲特色」和「世界格局」，以更加開放和兼濟天下的功能主義擴展觀推進人民幣國際化。因此，本書從人民幣在計價、貿易結算、儲備投資等功能上的區域傾向來選擇樣本國家，以此來分析資本帳戶開放是否有助於人民幣在這些國家推進國際化。

7.4.1 樣本的選取

基於交易媒介職能角度，根據貨幣國際化的歷史經驗，一國主權貨幣跨越國境在國際交易中履行支付結算等交易媒介職能，是建立在該國具有較強的物質能力基礎之上的。在當前的國際政治經濟格局下，一國對外提供市場的能力和提供產品的能力是該國貨幣區域化和國際化的重要物質能力基礎。本書根據某一國家或地區對中國出口量占其對全世界出口總量的比重來構建中國對該區域提供出口市場的能力指數，具體如下：

$$Market\_Supply_{i,china} = \frac{Export_{i,china}}{Export_{i,world}} \qquad (7.5)$$

為避免出口值在某個年份的缺失或偶然性激增（或激減），本書計算出中國對全球 147 個國家和地區在 2012—2016 年共五年的市場提供能力後取其平

均值，具體出口數據來自 UN Comtrade 全球貿易數據庫①。如表 7-1 所示，中國市場提供能力最高的是蒙古，中國為該國提供了 84.23% 的出口市場，而中國市場提供能力最低的地區是巴勒斯坦，該地外部市場僅有 0.000,1% 由中國提供。

表 7-1　中國市場提供能力計算結果

國家（地區）	洲別	市場提供能力（2012—2016年平均值）	國家（地區）	洲別	市場提供能力（2012—2016年平均值）
蒙古	亞洲	84.233,6%	安道爾	歐洲	0.231,5%
所羅門群島	大洋洲	60.247,7%	波赫	歐洲	0.195,9%
香港	亞洲	57.303,0%	巴哈馬	北美洲	0.184,2%
紐西蘭	大洋洲	46.299,4%	塞爾維亞	歐洲	0.131,1%
安哥拉	非洲	45.057,0%	百慕大群島	北美洲	0.128,7%
模里西斯	非洲	36.942,9%	帛琉	大洋洲	0.125,0%
剛果	非洲	34.934,1%	巴拿馬	北美洲	0.077,1%
緬甸	亞洲	32.738,7%	東加	大洋洲	0.032,8%
澳大利亞	大洋洲	32.441,4%	不丹	亞洲	0.008,7%
新喀里多尼亞	大洋洲	27.425,5%	巴勒斯坦	亞洲	0.000,1%

註：上表左列為中國市場提供能力最高的十個國家（地區），右列為中國市場提供能力最低的十個國家（地區）。

根據上述計算結果，中國對全球 147 個國家（地區）的市場提供能力的平均水準為 7.513,4%。其中，高於該平均值水準的國家（地區）共有 35 個，主要分佈在東亞、中亞、東南亞、大洋洲、非洲、阿拉伯半島以及中南美洲等區域且大多數為新興經濟體。

類似地，本書根據某一國家或地區從中國進口量占其從全世界進口總量的比重來構建中國對該區域提供產品的能力指數，具體如下：

$$\mathrm{Product\_Supply}_{i,china} = \frac{import_{i,china}}{import_{i,world}} \qquad (7.6)$$

如上文採取計算中國對各國和地區的市場提供能力的方法一樣，本書利用全球 147 個國家和地區選取 2012—2016 年對中國和世界出口數據計算出中國

---

① 其中，2012—2016 年部分國家和地區的出口數據不全，本書在計算這部分區域的市場提供能力平均值時以相應數據為基準，如尼泊爾只有 2012—2016 年中三年的數據，因此，在計算中國對尼泊爾的市場提供能力平均值時，計算的結果為尼泊爾該三年市場提供能力值的平均值。

對這些國家和地區的產品提供能力並取其平均值[①]。具體計算結果如表 7-2 所示，中國內地對香港地區的產品提供能力最大，該地區全部進口產品價值的 44.85% 都來自中國內地；而相反，中國對開曼群島的產品提供能力最小，該地區僅有 0.19% 的進口產品價值來自中國。

表 7-2 中國產品提供能力計算結果

國家（地區）	洲別	產品提供能力（2012—2016年平均值）	國家（地區）	洲別	產品提供能力（2012—2016年平均值）
香港	亞洲	44.851,8%	馬爾他	歐洲	2.773,4%
柬埔寨	亞洲	35.934,8%	格陵蘭	歐洲	2.646,4%
緬甸	亞洲	34.159,4%	不丹	亞洲	2.505,3%
巴拿馬	北美洲	32.867,8%	立陶宛	歐洲	2.475,9%
蒙古	亞洲	31.602,9%	阿魯巴	南美洲	2.310,1%
吉爾吉斯	亞洲	31.520,4%	盧森堡	歐洲	2.073,0%
越南	亞洲	28.423,7%	百慕大群島	北美洲	1.806,2%
衣索比亞	非洲	27.185,1%	波札那	非洲	1.342,1%
澳門	亞洲	26.552,7%	巴哈馬	北美洲	0.684,1%
巴拉圭	南美洲	26.396,8%	開曼群島	北美洲	0.191,0%

註：上表左列為中國產品提供能力最高的十個國家（地區），右列為中國產品提供能力最低的十個國家（地區）。

從上述中國產品提供能力的計算結果可以看出，中國對全球 147 個國家和地區的產品提供能力平均水準為 12.07%，高於市場提供能力平均水準，這說明總體上中國向外部提供產品的能力強於向外部提供市場的能力。在這些國家和地區中，從中國進口產品價值占其進口產品總價值比重高於該平均值水準的國家和地區共有 57 個（18 個位於非洲，14 個位於東亞及東南亞，12 個位於中南美洲，7 個位於中亞、西亞及阿拉伯半島，4 個位於大洋洲，1 個位於北美洲和 1 個位於歐洲），從經濟發展階段來看，這些國家（地區）以新興經濟體為主。

人民幣在境外某區域要履行計價和貿易結算的交易媒介職能，關鍵還在於該區域內的國家或地區能否對中國的市場和產品形成穩定的不對稱依賴。為此，本書構建產品和市場不對稱依賴指數，進一步分析人民幣國際化的樣本選擇範圍。

---

① 計算中國對各國和地區的產品提供能力時取 2012—2016 年五年的平均值的意義，在於規避單一年份常出現的出口值缺失及異常波動情況，具體出口數據來自 UN Comtrade 全球貿易數據庫。

市場提供能力方面，通過中國對其他國家和地區的市場提供能力與其他國家和地區對中國的市場提供能力的比值來刻畫市場提供的不對稱依賴狀況，具體如下：

$$Market\_Supply\_Asymmetric\_Dependence_i = \frac{Market\_Supply_{i,china}}{Market\_Supply_{china,i}} \quad (7.7)$$

其中，$Market\_Supply_{i,china}$ 表示中國對地區 i 的市場提供能力；$Market\_Supply_{china,i}$ 表示地區 i 對中國的市場提供能力[1]。根據此公式，本書對前文描述的超過中國市場提供能力平均水準的 35 個國家和地區做進一步分析（見表7-3）。

表7-3 市場提供的不對稱依賴度

國家（地區）	市場提供能力（2012—2016年平均值）	市場提供的不對稱依賴度	國家（地區）	市場提供能力（2012—2016年平均值）	市場提供的不對稱依賴度
所羅門群島	60.247,7%	22,752.15	秘魯	19.611,1%	71.783,52
新喀里多尼亞	27.425,5%	6,443.963	智利	25.497,2%	43.084,16
亞美尼亞	8.183,0%	1,547.473	哈薩克斯坦	14.110,6%	29.225,19
模里西斯	36.942,9%	1,166.496	澳大利亞	32.441,4%	18.509,65
剛果	34.934,1%	951.415,4	巴基斯坦	9.364,4%	15.292,26
蒙古	84.233,6%	933.336,4	南非	10.045,1%	14.390,51
尚比亞	18.363,6%	630.23	巴西	18.330,6%	13.095,49
寮國	21.394,3%	352.784,5	泰國	11.428,6%	7.210,877
阿曼群島	27.291,6%	297.858,7	印尼	11.080,7%	6.878,581
葉門	25.532,9%	297.025,2	馬來西亞	12.772,9%	6.672,779
安哥拉	45.057,0%	257.380,5	朝鮮	25.418,3%	5.880,549
紐西蘭	46.299,4%	226.659,9	新加坡	12.373,4%	5.859,763
喀麥隆	10.979,8%	154.406,1	越南	10.338,0%	4.166,353
烏拉圭	12.682,9%	127.162,2	俄羅斯	7.828,4%	3.915,835
緬甸	32.738,7%	89.748,09	中國香港	57.303,0%	3.724,664
中國澳門	12.437,0%	79.644,68	日本	17.919,0%	2.739,671
坦桑尼亞	12.025,7%	78.443,69	美國	7.640,1%	0.437,663,9
尚比亞	8.468,4%	71.937,18	—	—	—

---

[1] 市場提供能力的具體計算過程參見式（7.7），且計算時，為避免個別年份數據的缺失及數據的波動，均選取 2012—2016 年的數值進行計算後再取平均值。

如表 7-3 所示，美國對中國市場的不對稱依賴度小於 1，這說明美國對中國的市場提供能力要高於中國對美國的市場提供能力，其餘 34 國和地區對中國市場提供的不對稱依賴度均大於 1。這些國家和地區在地理位置上不僅分佈在與中國鄰近的東亞、東南亞等地區，也分佈在距離中國相對較遠的大洋洲、非洲及南美洲地區，如所羅門群島、新喀里多尼亞、模里西斯、坦桑尼亞、讚比亞、秘魯、智利，這更進一步說明了從地理維度選取人民幣國際化路徑具有一定的局限性，人民幣國際化路徑的選取應以功能主義的拓展觀為原則展開。另外，從經濟發展階段來看，對中國市場存在顯著不對稱依賴的國家和地區仍以新興經濟體為主，這意味著，人民幣在新興經濟體更具有履行支付和貿易結算的交易媒介職能的優勢。

類似地，本書通過中國對其他國家和地區的產品提供能力與其他國家和地區對中國的產品提供能力的比值來構建產品提供的不對稱依賴指數。具體如下：

$$\text{Product\_Supply\_Asymmetric\_Dependence}_i = \frac{\text{Product\_Supply}_{i,china}}{\text{Product\_Supply}_{china,i}} \quad (7.8)$$

其中，$\text{Product\_Supply}_{i,china}$ 表示中國對地區 i 的產品提供能力；$\text{Product\_Supply}_{china,i}$ 表示地區 i 對中國的產品提供能力[1]。根據式（7.8），下面對前文描述的超過中國產品提供能力平均水準的 57 個國家和地區做進一步分析。

表 7-4　產品提供的不對稱依賴度

國家（地區）	產品提供能力（2012—2016 年平均值）	產品提供不對稱依賴度	國家（地區）	產品提供能力（2012—2016 年平均值）	產品提供不對稱依賴度
模里西斯	0.164,823,5	19,978.61	巴基斯坦	0.210,513	141.283,9
巴拉圭	0.263,968,3	10,558.73	烏拉圭	0.172,139,4	136.618,6
吉爾吉斯斯坦	0.315,203,8	8,338.725	緬甸	0.341,593,9	107.082,7
斐濟	0.124,341	6,684.999	哥倫比亞	0.179,701,7	80.223,98
巴拿馬	0.328,677,8	5,010.333	剛果	0.153,687,3	68.305,47
盧旺達	0.184,504,3	4,894.014	香港	0.448,517,7	52.519,64
尼日	0.200,571,7	4,341.378	阿根廷	0.167,584,7	52.207,07
尼加拉瓜	0.125,872,1	3,814.305	秘魯	0.208,269,3	43.662,32
烏干達	0.124,489,3	3,241.908	紐西蘭	0.179,196,6	43.284,21

[1] 產品提供能力的具體計算過程參見式（7.8），且計算時，為避免個別年份數據的缺失及數據的波動，本書均選取 2012—2016 年的數值進行計算後再取平均值。

表7-4(續)

國家 (地區)	產品提供能力 (2012—2016年 平均值)	產品提供 不對稱 依賴度	國家 (地區)	產品提供能力 (2012—2016年 平均值)	產品提供 不對稱 依賴度
多哥	0.243,608,9	3,155.556	哈薩克	0.167,942,3	30.205,44
馬達加斯加	0.168,347,4	2,025.842	科威特	0.145,754,2	30.052,42
澳門	0.265,526,9	2,011.568	墨西哥	0.167,519,5	29.441,04
馬利	0.156,175,2	1,828.749	越南	0.284,237	20.596,88
斯里蘭卡	0.189,999,6	1,496.06	智利	0.209,707,1	18.892,54
幾內亞	0.134,795,3	1,396.842	印度	0.138,656,5	16.217,13
埃塞俄比亞	0.271,850,8	1,264.422	印尼	0.179,760,4	12.570,66
柬埔寨	0.359,348,4	1,222.273	安哥拉	0.137,409,9	9.957,237
玻利維亞	0.159,836,5	768.444,8	俄羅斯	0.178,574,5	8.423,326
坦桑尼亞	0.149,270,5	654.695,2	新加坡	0.123,518,6	7.768,462
所羅門群島	0.126,706	541.478,5	泰國	0.166,014,7	7.757,695
孟加拉國	0.200,541,5	502.610,3	南非	0.160,684,2	7.725,202
喀麥隆	0.171,740,6	490.687,5	巴西	0.162,818,1	5.899,206
厄瓜多爾	0.176,727,1	317.283,8	沙烏地阿拉伯	0.135,361	5.885,26
寮國	0.212,860,1	292.792,5	馬來西亞	0.179,929,2	5.841,858
蘇丹	0.185,730,9	268.397,2	澳大利亞	0.207,494,2	4.405,396
加納	0.175,791,7	265.546,4	日本	0.230,582,9	2.614,318
埃及	0.124,601,1	196.842,2	美國	0.204,167,9	2.505,127
阿爾及利亞	0.143,481,6	192.851,5	韓國	0.179,386,3	1.839,859
蒙古	0.316,028,7	142.355,3	—	—	—

如表7-4所示，57個國家和地區均對中國具有市場提供的不對稱依賴，其中除了美國、日本、澳大利亞三個發達經濟體之外（且該三國市場提供不對稱依賴指數排在全部57個市場的後四位），剩下的54個國家和地區是以俄羅斯、印度、南非、巴西等金磚國家為首的新興經濟體。這意味著，單從市場提供能力來看，人民幣在以金磚國家為首的新興經濟體中更具有履行支付和貿易結算的交易媒介職能的優勢。

從各地對中國市場和產品的不對稱依賴結果分析來看，以金磚國家為首的新興經濟體已經初步具備了以人民幣為交易媒介的物質基礎，有條件成為人民幣國際化的重要組成部分。

因此，本書在實證分析的樣本國家選取上重點參考了IMF匯率數據庫，

它共包含全球 50 多個國家和地區貨幣對 SDRs（特別提款權）的匯率數據。同時結合上文分析結果，本書從中選擇出對中國市場和產品具有不對稱依賴的新興經濟體作為本書研究的樣本國家，具體包括巴西、印度、南非、俄羅斯、阿爾及利亞、巴林、馬來西亞、文萊、印度尼西亞、新加坡、泰國、菲律賓、韓國、巴基斯坦、哈薩克斯坦、尼泊爾、以色列、阿聯酋、伊朗、卡達、沙烏地阿拉伯、科威特、馬耳他、博茨瓦納、委內瑞拉、利比亞、多哥、模里西斯、斯里蘭卡、突尼斯、特立尼達和多巴哥、智利、哥倫比亞、愛沙尼亞、墨西哥、紐西蘭、秘魯、烏拉圭、阿曼等 39 個新興經濟體。

7.4.2 變量選取及數據說明

本書實證分析模型為加入交互項的「貨幣錨」模型〔如式（7.4）〕，為遵循數據的中立性，所有變量均取為 1 單位貨幣所代表的 SDRs。其中，$currency_{it}$ 為樣本國 i 在 t 時期，一單位本國貨幣所代表的 SDRs 值；USD_{it}、EUR_{it}、JPY_{it}、GBP_{it}、CNY_{it}、CHF_{it} 分別表示美元、歐元、日元、英鎊、人民幣和瑞士法郎在 t 時期用 SDRs 所表示的 1 單位貨幣大小。在樣本時間截取上，本書選取 2002—2013 年的季度數據，具體數據均來源於 IMF 數據庫。

7.5 迴歸結果分析

7.5.1 基礎性迴歸

2010 年是對人民幣資本帳戶開放具有重要意義的一個時間節點。2010 年中國高層文件明確表示，將「逐步實現資本項目可兌換」目標寫入「十二五」發展規劃，因此，本書認為 2010 年之後人民幣資本項目開放正式進入快速發展時期。本書以 2010 年為節點將時間樣本劃分為兩個子樣本（2002Q1—2009Q4 和 2010Q1—2013Q4），分別進行實證迴歸分析。此外，為更全面地實證分析資本帳戶開放的人民幣國際化效應，本書在實證分析過程中將上述三個交互項 $KAOPEN_1 * CNY_{it}$、$KAOPEN_2 * CNY_{it}$、$KAOPEN_3 * CNY_{it}$ 依次加入模型。本書採用固定效應面板模型來對模型進行估計，具體實證估計結果如表 7-5 所示。

表 7-5 「貨幣錨」模型迴歸結果

解釋變量	第一階段（2002Q1—2009Q4）				第二階段（2010Q1—2013Q4）			
	(1)	(2)	(3)	(4)	(5)	(6)	(7)	(8)
常數項	3.476,2***	3.031,1***	3.474,2***	3.270,7***	1.620,8*	2.010,9*	1.721,8**	2.840,7***
	(0.601,9)	(0.660,1)	(0.601,9)	(0.615,9)	(0.836,4)	(1.033,5)	(0.836,6)	(1.072,3)
USD	−0.630,7***	−0.328,8	−0.626,4**	−0.403,7	2.824,3***	2.507,5***	2.138,3**	2.600,6***
	(0.201,6)	(0.243,2)	(0.291,4)	(0.380,8)	(0.770,5)	(0.837,7)	(0.842,1)	(0.776,9)
EUR	−0.302,4	−0.071,2	−0.263,5	−0.212,6	1.810,9***	1.606,2***	1.674,8***	1.403,4***
	(0.172,5)	(0.226,4)	(0.174,8)	(0.210,9)	(0.512,9)	(0.446,6)	(0.422,9)	(0.422,4)
JPY	−0.211,4**	−0.104,9*	−0.215,2**	−0.350,7***	0.504,8***	0.469,7***	0.421,7***	0.205,9*
	(0.101,9)	(0.110,4)	(0.110,9)	(0.109,7)	(0.133,9)	(0.143,2)	(0.140,5)	(0.176,9)
GBP	0.020,1	0.067,7	0.014,8	0.073,2	0.073,9	0.010,6	0.084,7	0.161,4
	(0.074,6)	(0.078,4)	(0.087,3)	(0.080,9)	(0.147,1)	(0.173,6)	(0.146,1)	(0.151,6)
CHF	−0.101,5*	−0.111,6*	−0.152,1*	−0.174,5	0.109,9**	0.167,2**	0.103,1	0.172,3**
	(0.101,9)	(0.118,9)	(0.099,7)	(0.121,5)	(0.054,7)	(0.062,9)	(0.074,3)	(0.054,4)
CNY	0.168,6	0.131,1	0.190,9	0.100,7	−0.177,8***	−1.847,3***	−1.576,1***	−1.757,5***
	(0.113,2)	(0.114,7)	(0.114,8)	(0.133,3)	(0.256,9)	(0.353,8)	(0.400,9)	(0.354,5)
KAOPEN₁		0.048,7*				0.075,9		
		(0.022,1)				(0.113,9)		
KAOPEN₂			−0.017,9				−0.043,4	
			(0.019,9)				(0.023,5)	

表7-5（續）

解釋變量	第一階段（2002Q1—2009Q4）				第二階段（2010Q1—2013Q4）			
	(1)	(2)	(3)	(4)	(5)	(6)	(7)	(8)
KAOPEN$_3$				-0.115.9 (0.066.8)				-0.445.1** (0.141.7)
AR(1)	0.731.7*** (0.010.5)	0.730.7*** (0.010.9)	0.732.9*** (0.010.9)	0.841.2*** (0.011.4)	0.892.1*** (0.017.7)	0.896.4*** (0.018.9)	0.807.3*** (0.010.9)	0.906.1*** (0.018.5)
Adj. R	0.999.5	0.999.5	0.999.5	0.999.5	0.999.7	0.999.7	0.999.7	0.999.7
F檢驗	55,025.68***	53,873.10***	53,809.41***	53,845.69***	61,723.99***	60,269.21***	60,444.46***	60,698.49***
D. W.	2.041.9	2.051.6	2.043.9	2.036.3	2.036.3	2.046.9	2.044.1	2.040.7
樣本數	1,404	1,404	1,404	1,404	468	468	468	468

註：括號內數字為標準差；***、**、* 分別表示在1%、5%、10%水準上顯著。下同。

從表 7-5 的迴歸結果可以看出，在第一個時間段中（2002Q1—2009Q4），模型（1）—模型（4）樣本中的新興經濟體國家主權貨幣匯率受日元匯率波動的影響較為顯著；同時，這些國家的主權貨幣匯率對美元和瑞士法郎匯率波動也存在較為顯著的影響；但這些新興經濟體國家主權貨幣對歐元、英鎊和人民幣匯率的波動不存在較為明顯的影響。加入人民幣匯率與資本帳戶開放程度的交互項後，這些新興經濟體的主權貨幣對 $KAOPEN_2*CNY_{it}$ 和 $KAOPEN_3*CNY_{it}$ 並不產生統計上的顯著影響，迴歸結果同無交互項的模型（1）的迴歸結果一致。但 $KAOPEN_1*CNY_{it}$ 在實證迴歸中的結果在統計上是顯著的，但顯著程度比較低，這意味著人民幣在資本帳戶開放條件下，人民幣匯率對新興經濟體的主權貨幣匯率可以造成一定的影響。

在第二個時間段中（2010Q1—2013Q4），模型（5）—（8）樣本中的新興經濟體國家的主權貨幣匯率對美元、歐元和人民幣均存在較為顯著的影響，並且這些新興經濟體的主權貨幣對日元和瑞士法郎存在顯著的影響，卻對英鎊不存在顯著的影響。在加入人民幣與資本帳戶開放度的交互變量後，新興經濟體國家的主權貨幣對 $KAOPEN_1*CNY_{it}$ 和 $KAOPEN_2*CNY_{it}$ 不存在顯著的影響，但卻對 $KAOPEN_3*CNY_{it}$ 存在顯著的影響。值得注意的是，在模型（6）中 $KAOPEN_1*CNY_{it}$ 實證分析結果系數為正，而在模型（7）和模型（8）中人民幣與資本帳戶開放程度交互變量的實證分析結果均為負數。

進一步地，我們對兩個時間段裡「貨幣錨」基本迴歸結果進行橫向比較可以發現：①日元匯率的變動對新興經濟體國家主權貨幣匯率變動的影響較顯著，但實證分析中的迴歸系數較小；美元和歐元的匯率變動對新興經濟體國家主權貨幣匯率變動的影響程度在逐步增加，而瑞士法郎的影響變化程度並不是很明顯，英鎊匯率變動卻對新興經濟體國家的主權貨幣匯率的變動幾乎沒有影響。②對比兩個時期的模型迴歸結果系數，我們可以發現，除了英鎊的迴歸系數一直為正數之外，美元、瑞士法郎、日元和歐元的迴歸系數都經歷了由負數轉向正數的變化過程。這種實證分析結果背後的原因是，2001 年之後，美國國際收支和財政預算為經常項目赤字、資本項目盈餘以及財政預算赤字的狀態。這種國際收支狀態意味著美國在國際金融體系中仍存在著明顯的優勢，美國在國際金融體系中仍然承擔著淨資本輸入國的角色。這一時期的歐元區國家和日本在國際金融體系中的地位卻不能像美國那樣，依靠國內資產升值來實現本國國際收支帳目中的資本帳戶盈餘。此時，歐元區國家和日本均採取較為寬鬆的貨幣政策甚至是量化寬鬆政策以緩解國內經常帳戶赤字、經濟增長動力不足以及政策債務壓力過大等客觀事實，以期能夠解決內外部同時失衡的狀態。

歐元區國家和日本較為寬鬆的貨幣政策環境使得資本在趨利性的本質下在這一時期大量地流向新興經濟體，新興經濟體的主權貨幣匯率呈現上升趨勢，這與歐元、瑞士法郎、日元匯率呈現的下降趨勢正好相反。到了 2010 年之後，受金融危機的衝擊，歐元區及美、日等發達經濟體仍舊沒能找到持續維持經濟增長的有效增長點，而新興經濟體在危機中遭受重創，各國在國際收支平衡表中出現了經常項目和資本帳戶項目雙逆差的現象，新興經濟體的主權貨幣也呈現出貶值趨勢，這與歐元區及美、日等發達經濟體貨幣呈現的下降趨勢是一致的。③人民幣匯率變動對新興經濟體國家主權貨幣匯率變動的影響程度呈現出顯著的變化。在第一個時間區間內（2002Q1—2009Q4），雖然人民幣匯率在模型中的統計結果系數為正數，但迴歸系數值均較小；而在第二個時間區間內（2010Q1—2013Q4），人民幣匯率變動對新興經濟體國家主權貨幣匯率變動的影響在統計結果上均較為顯著，且迴歸系數值也比較大。人民幣匯率與資本帳戶開放交互變量在模型迴歸結果中的系數為正，且系數數值變大，我們從中可以發現，中國資本帳戶開放可以通過匯率傳導機制影響新興經濟體主權貨幣對人民幣的錨定，從而為人民幣國際化奠定基礎。從某種意義上說，資本帳戶開放具有人民幣國際化效應。但隨著人民幣匯率與資本帳戶開放交互變量的替換，該變量的迴歸系數又變為負數〔如表 7-5 中迴歸結果第（7）列和第（8）列〕。雖然交互變量的迴歸系數有變大趨勢，但數值仍然較小，這說明在匯率傳導機制作用下，資本帳戶開放的人民幣效應並不穩定且作用有限。為更全面地分析資本帳戶開放的人民幣國際化效應，接下來本書將展開資本帳戶開放人民幣效應實證分析的穩健性分析。

7.5.2 穩健性分析

本書採用縮小樣本的方法來對上述問題進行穩健性分析。貨幣國際化本質上是貨幣支付手段、價值尺度、價值儲備等職能的國際化。為此，本章從貨幣職能角度出發，基於人民幣在樣本國家中的支付結算、投資貨幣、外匯儲備貨幣三種職能拓展情況縮小實證分析樣本，繼續探討資本帳戶開放的人民幣國際化效應問題。

第一，支付結算職能國際化拓展方面。環球銀行電信協會統計數據顯示，自 2012 年 8 月到 2015 年 8 月，人民幣占全球支付貨幣總量的比重從最初的 0.53% 增長至 2.79%，短短三年人民幣占全球支付貨幣總量的比重增長了 5 倍之多，並成為全球第四大支付貨幣。由於受數據可獲得性的限制，環球銀行電信協會統計數據無法提供每一個國家使用人民幣支付方面的數據，因此，本書

無法從支付結算職能國際化拓展方面縮小樣本來展開穩健性分析。所以，本書將著重對投資貨幣職能和外匯儲備職能這兩個方面展開穩健性分析。

第二，投資貨幣職能方面。國際貨幣基金組織或其他官方機構暫時還沒有關於人民幣在國際貨幣或者人民幣在全球債券金融市場中所占比重的相關數據，但本書認為可以通過人民幣互換協議和人民幣離岸債券市場兩個方面來確定人民幣在投資貨幣職能方面的子樣本。通過人民幣互換協議的簽訂，人民幣可以通過官方渠道流入簽訂國家的金融體系中，對方商業機構也可以借到一定數量的人民幣，並用這些人民幣進行投資或貿易交易，這大大增加了人民幣在國際投資貨幣中所占的比重。根據中國人民銀行網站信息，本書統計了2008年以來中國人民銀行與各國（地區）貨幣互換的相關信息，具體參見附表13。另外，人民幣離岸債券市場在近年來獲得了快速提升，2007年1月，中國人民銀行規定境內機構在獲得批准之後可以在香港發行人民幣債券。2007年6月，中國人民銀行聯合國家發展與改革委員會共同發布《境內金融機構赴香港特別行政區發行人民幣債券管理暫行辦法》。在此之後，中國境內多家商業銀行和金融機構，以及一些境內跨國公司均在中國境外發售了人民幣債券。表7-6列出了2007年以來一些具有代表性的人民幣離岸債券的發行信息。

表7-6　2007年以來代表性人民幣離岸債券發行統計表

時間	事件
2007.7	國家開發銀行在中國香港發行50億元債券，這是中資銀行首次向大陸以外區域發行人民幣計價債券
2011.5	世界銀行發行人民幣債券，總額為人民幣5億元（相當於7,600萬美元），償還日期為2013年1月14日，票面息率0.95%，每半年付息一次。這是2011年中國香港資本市場發行的第一只人民幣債券，也是世界銀行有史以來首次發行的人民幣債券。匯豐集團是此次世界銀行人民幣債券發行的主承銷商
2012.4	匯豐銀行在倫敦發行了第一支人民幣債券，主要針對英國及歐洲大陸國家投資者，總規模為10億元
2014.10	中國工商銀行（亞洲）有限公司在韓國發行1.8億元（約合2,900萬美元）債券，這是中資企業在韓國市場發行的首筆人民幣債券
2014.10	英國政府表示將由中國銀行、匯豐銀行和標準渣打銀行發行首批人民幣債券
2014.11	財政部於11月17日在中國香港發行120億元國債，包括2年、3年、5年及10年期四種期限品種，面向機構投資者和中國香港居民發行
2015.7	中國銀行阿布扎比分行在迪拜納斯達克交易所舉行開市搖鈴儀式，宣布20億元「一帶一路」人民幣債券在迪拜納斯達克正式上市

註：作者根據中國人民銀行網站數據整理。

由於中國人民銀行與其他國家和地區的貨幣管理當局簽訂的貨幣互換協議在 2009 年之後才進入新的發展階段，以及大部分人民幣離岸債券的發行也都發生在 2009 年以後，因此此部分的穩健性分析在時間樣本上僅選擇第二個時間段，即 2010Q1—2013Q4。具體的樣本國家包括斯里蘭卡、冰島、阿聯酋、文萊、巴西、新加坡、馬來西亞、巴基斯坦、泰國、印度、韓國、紐西蘭、尼泊爾、印度尼西亞、匈牙利、俄羅斯和卡達，具體實證迴歸結果見表 7-7。

表 7-7 穩健性分析（1）的迴歸結果

解釋變量	（9）	（10）	（11）	（12）
常數項	2.367,5***	2.058,1**	2.568,9***	3.858,7***
	(0.118,1)	(1.246,4)	(1.108,8)	(1.300,7)
USD	2.380,6**	2.754,5***	1.962,1*	3.391,9***
	(0.035,9)	(1.162,4)	(1.198,5)	(1.145,6)
EUR	1.485,8**	1.710,5**	0.813,2	1.326,1*
	(0.542,1)	(0.631,6)	(0.570,6)	(0.583,8)
JPY	0.353,9**	0.409,8**	0.187,9	0.273,1*
	(0.175,7)	(0.199,1)	(0.184,4)	(0.106,5)
GBP	0.018,9	0.114,9	0.030,8	0.044,9
	(0.193,5)	(0.149,9)	(0.199,5)	(0.191,1)
CHF	0.158,8**	0.184,7*	-0.013,1	0.150,1*
	(0.073,3)	(0.084,8)	(0.108,6)	(0.074,2)
CNY	-1.741,3***	-1.782,2***	-1.117,3**	-1.732,7***
	(0.365,4)	(0.370,9)	(0.497,4)	(0.465,6)
KAOPEN$_1$		-0.074,3		
		(0.149,8)		
KAOPEN$_2$			-0.101,2**	
			(0.033,4)	
KAOPEN$_3$				-0.111,6
				(0.211,9)
AR（1）	0.891,3***	0.785,2***	0.896,9***	0.892,5***
	(0.018,7)	(0.018,2)	(0.029,6)	(0.019,9)
Adj. R	0.999,7	0.999,7	0.999,7	0.999,7
F 檢驗	57,076.09***	54,770.19***	55,686.84***	54,805.75***
D. W.	1.950,5	1.931,4	2.044,1	1.952,3
樣本數	272	272	272	272

從表7-7中可以看出，在2010Q1—2013Q4時期，模型（9）—（12）中美元、歐元、日元、瑞士法郎和英鎊的實證迴歸結果並沒有顯著變化，特別是人民幣在模型的實證分析結果中的迴歸系數幾乎沒變。對於人民幣匯率與資本帳戶開放的交互變量而言，如模型（10）、（11）和（12）中實證迴歸結果所示，交互變量的迴歸系數均為負數，但只有 $KAOPEN_2 * CNY_{it}$ 的迴歸結果在統計上顯示為顯著，而 $KAOPEN_1 * CNY_{it}$ 和 $KAOPEN_3 * CNY_{it}$ 這兩個交互變量實證分析結果中的迴歸系數在統計上顯示為不顯著。

第三，國際外匯儲備貨幣職能方面。人民幣發揮國際外匯儲備職能是國際化的一個重要方面。近年來，隨著中國全球經濟地位的不斷攀升，以及中國作為全球最大新興經濟體國家在危機中負責任的表現，越來越多的新興經濟體甚至是一些發達國家願意將人民幣設定為本國的官方儲備貨幣。如表7-8所示，本書根據Eichengreen和Lombardi（2015）的研究和中國人民銀行網站公布的數據，將一些把人民幣設定為本國官方外匯儲備貨幣的國家羅列出來。同穩健分析（1）中的樣本時間的截取一樣，大部分國家將人民幣設定為官方儲備貨幣也都發生在2009年之後。因此，這部分穩健分析的樣本時間的選取也以第二個時間區間為準（2010Q1—2013Q4）。樣本國家具體包括斯里蘭卡、馬來西亞、哥倫比亞、新加坡、韓國、沙特阿拉伯、尼泊爾、智利、俄羅斯、南非、印度尼西亞、泰國、巴基斯坦和匈牙利。迴歸結果見表7-9。

表7-8 將人民幣作為官方儲備的代表性國家

國家	時間	備註	國家	時間	備註
玻利維亞	2012.05	5.8億美元	智利	2011.09	9.45億美元
新加坡	2011.10	10億美元	泰國	2011.11	8.36億美元
烏拉圭	2012	2.1億美元	阿根廷	2014.09	16億美元
韓國	2012.07	33億美元	南非	2013.06	15億美元

註：作者根據Eichengreen和Lombardi（2015）的研究以及中國人民銀行網站數據整理。

表7-9 穩健性分析（2）的迴歸結果

解釋變量	（13）	（14）	（15）	（16）
常數項	2.118,4**	1.240,1	3.180,3**	3.480,3***
	(1.217,7)	(1.357,4)	(1.218,8)	(1.423,9)
USD	2.380,6**	3.754,5***	2.062,1*	4.560,3***
	(1.035,9)	(1.162,4)	(1.108,5)	(1.188,4)

表7-9(續)

解釋變量	(13)	(14)	(15)	(16)
EUR	2.413,9***	3.171,5***	2.147,2***	1.841,6**
	(0.612,8)	(0.837,5)	(0.662,2)	(0.666,2)
JPY	0.584,5***	0.811,1***	0.523,7***	0.336,8*
	(0.187,6)	(0.203,4)	(0.198,3)	(0.126,6)
GBP	0.399,1*	0.556,6**	0.390,9*	0.369,4*
	(0.211,7)	(0.288,7)	(0.121,2)	(0.223,6)
CHF	0.294,8***	0.368,9***	0.125,6*	0.273,1***
	(0.081,9)	(0.114,8)	(0.010,1)	(0.081,9)
CNY	−2.231,5***	−1.340,8***	−1.088,9***	−2.100,1***
	(0.418,9)	(0.431,3)	(0.476,1)	(0.414,4)
$KAOPEN_1$		−0.130,3		
		(0.061,9)		
$KAOPEN_2$			−0.032,9	
			(0.038,2)	
$KAOPEN_3$				−0.471,3*
				(0.236,4)
AR (1)	0.755,6***	0.744,3***	0.760,9***	0.770,7***
	(0.018,6)	(0.016,1)	(0.020,2)	(0.029,2)
Adj. R	0.999,8	0.999,8	0.999,8	0.999,8
F檢驗	65,614.50***	62,942.09***	62,707.00***	63,238.38***
D. W.	1.975,6	1.942,4	1.983,0	1.998,8
樣本數	224	224	224	224

　　從表7-9中可以看出，在樣本時間內（2010Q1—2013Q4），美元的四個模型的實證分析結果均為正數且統計上均為顯著。值得注意的是，美元在這四個模型實證分析的結果中的迴歸系數值呈現出逐步增加的趨勢。與美元不同的是，歐元、日元、瑞士法郎在這四個模型實證分析的結果中的迴歸系數較為穩定，沒有明顯的變化；英鎊在這四個模型實證分析結果中的顯著性上呈現出變化；而人民幣則在這四個模型中均呈現出統計上的顯著。人民幣匯率與資本帳戶開放的交互變量在模型實證分析結果中的迴歸系數均為負數。交互變量在穩健性分析（2）中的迴歸結果同之前全體樣本的基礎性迴歸結果相一致，$KAOPEN_1 * CNY_{it}$和$KAOPEN_2 * CNY_{it}$在穩健性分析（2）迴歸結果的統計上

均為不顯著，只有 $KAOPEN_3 * CNY_{it}$ 在迴歸結果的統計上為顯著。

由以上穩健性（2）的實證分析結果，我們可以看出以下幾點：

第一，當模型中沒有加入人民幣匯率與資本帳戶開放的交互變量時（模型5、模型9和模型13），新興經濟體都將美元、日元、歐元、瑞士法郎和人民幣設定為「錨定貨幣」，且其中美元和人民幣在統計上較為顯著。

第二，當模型中加入人民幣匯率與資本帳戶開放的交互變量時，在樣本時間區間內（2010Q1—2013Q4），$KAOPEN_2 * CNY_{it}$ 和 $KAOPEN_3 * CNY_{it}$ 對模型中的被解釋變量具有統計上的顯著性，而 $KAOPEN_1 * CNY_{it}$ 對模型中的被解釋變量卻沒有統計上的顯著性，這種情況與之前的基礎性迴歸結果是一致的。通過對模型中人民幣匯率與資本帳戶開放的交互變量迴歸係數的比較，我們可以發現，雖然這些迴歸係數數值較低，但資本帳戶開放通過人民幣匯率機制會對新興經濟體匯率變動造成影響，新興經濟體的主權貨幣匯率波動會在一定程度上參照人民幣匯率的波動。這意味著資本帳戶開放將有助於增強人民幣在新興經濟體貨幣體系中的地位，從而有助於人民幣在新興經濟體推進國際化進程。三個交互變量在實證迴歸模型中的迴歸係數值均為負數，意味著資本帳戶開放將給人民幣帶來升值壓力，而給樣本中的新興經濟體主權貨幣帶來貶值壓力。同樣地，我們也可以發現在穩健性（2）的迴歸結果中，人民幣匯率變量的迴歸係數也均為負數，這意味著人民幣匯率的變動以及由資本帳戶開放帶來的人民幣匯率的變動與樣本中新興經濟體的主權貨幣匯率的變動方向為相反方向，即當人民幣匯率升值時，或者由人民幣資本帳戶開放所帶來的人民幣匯率升值時，會使樣本中新興經濟體的主權貨幣的匯率貶值。之所以會產生這種現象，本書認為其中原因有三點：首先，受全球金融危機影響。樣本時間區間正好處於危機之後，受全球金融危機影響，世界各經濟體都出現了經濟增長動力不足、國內經常項目順差大幅減少等問題，部分經濟體的資本項目甚至出現了逆差。此時，全球跨境資本流動數量也出現了嚴重下滑傾向。在這樣的國內國際環境下，樣本中的新興經濟體主權貨幣的匯率具有明顯的下降壓力，且貨幣貶值預期明顯；而危機後的中國，相較於其他新興經濟體，經濟仍處在穩定增長階段，國際收支也仍處於順差狀態，人民幣在國際貨幣體系中的地位在樣本區間內的這段時間裡也處於不斷上升趨勢，人民幣在國際貨幣體系中承擔的角色也越來越重要，因此，這段時期裡人民幣是處於升值階段的，且升值預期也較為明顯。其次，受美國推出量化寬鬆貨幣政策的影響。美國推出量化寬鬆貨幣政策，美國貨幣市場資本回報率逐漸上升，這令大量國際資本從新興經濟體流出，從而加劇了新興經濟體經濟的衰退，新興經濟體主權貨幣開始出現貶值；

而此時的中國國內經濟發展雖然由之前的高速發展轉為中高速發展，但整體上中國經濟仍處於健康狀態，經常項目順差占GDP比重仍較為穩定，國際外商投資也仍處於較高水準，人民幣也順利地加入了特別提款權的貨幣籃子。除此之外，中國外匯儲備充足、財政狀況良好等宏觀經濟條件都在一程度上支撐著人民幣匯率走高，使人民幣匯率和樣本中的新興經濟體主權貨幣匯率在這段時間內出現變化方向相反的現象。最後，受貿易條件惡化的影響。樣本區間內，國際大宗商品價格嚴重下跌，同時，國際能源開採量也開始銳減，這令以資源、能源型產品出口為主的樣本中的新興經濟體的貿易條件不斷惡化。中國作為樣本中的新興經濟體的重要貿易夥伴和資本輸出國，如果樣本中的新興經濟體的主權貨幣相對人民幣升值的話，則必將不利於該新興經濟體向中國出口產品，也不利於吸收從中國流出的人民幣資本。

第三，從中國資本帳戶實際開放度可以看出，2010Q1以來，$KAOPEN_1$、$KAOPEN_2$和$KAOPEN_3$表示的基於實際資本帳戶開放度測度的中國資本帳戶開放水準呈現出下降趨勢；而在2010Q1—2013Q4時間區間內，「貨幣錨」模型的實證基礎迴歸和穩健性分析中，人民幣匯率與資本帳戶開放的交互變量$KAOPEN_2*CNY_{it}$和$KAOPEN_3*CNY_{it}$對模型中被解釋變量的影響在統計上都存在顯著影響，這在某種程度上說明了中國資本帳戶開放水準有一定程度的下降，但並不一定會使人民幣國際化進程減緩。

7.6　本章小結

本章節運用經典的「貨幣錨」模型在面板數據基礎上，分析了2002Q1—2009Q4與2010Q1—2013Q4兩個時間段裡資本帳戶開放的人民幣國際化效應。在樣本國家的選取上，本章摒棄了以往文獻的人民幣國際化地理拓展的角度，從人民幣職能擴展的維度選擇人民幣國際化路徑。通過實證分析我們可以看出，人民幣資本帳戶開放將有利於人民幣在新興經濟體成為「錨定貨幣」，即在人民幣匯率作用機制下，資本帳戶開放具有人民幣國際化效應。中國在新興經濟體範圍內資本帳戶開放的人民幣國際化效應較為明顯，提高人民幣資本帳戶開放程度會使人民幣對新興經濟體主權貨幣的匯率產生顯著影響，進一步打開中國資本帳戶會讓更多對中國存在市場和產品依賴的新興經濟體在國際貨幣中選擇人民幣。

8 結論、建議與展望

本書在非線性框架下分析了初始條件與資本帳戶開放經濟增長效應和金融風險效應之間的關係,結合門檻分析的實證結果,構建了資本帳戶開放條件成熟度模型,重點探討了資本帳戶開放「何時開放」以及「如何開放」的問題。接著,本書又進一步探討了資本帳戶開放的效應問題,嘗試解決「資本帳戶開放會帶來什麼影響」的問題,並運用定量分析的方法,實證分析了資本帳戶開放的跨境資本流動效應和人民幣國際化效應。通過對上述幾個問題的細緻研究,本書得出了有一定學術價值並且具有一定理論和實踐意義的結論。本章首先將之前得出的所有結論進行回顧和總結,然後據此提出相對應的政策建議,最後針對本書論點進行進一步展望並指出未來可以繼續展開研究的方向;同時,對本書在寫作過程中的不足之處進行總結,未來會在此基礎上針對這些不足之處繼續研究。

8.1 主要結論

本書圍繞資本帳戶「何時開放」「如何開放」以及「開放後會帶來什麼影響」的邏輯思路展開研究,闡述了一國資本帳戶開放的「條件—行為—效應」循環機制。在研究過程中,本書從不同視角對資本帳戶開放的條件、時機以及效應進行了深入探討,並運用多種研究方法對相關問題進行系統的剖析與闡釋,得出以下主要結論:

第一,關於資本帳戶開放條件問題的分析。本書研究發現一國金融發展、制度質量、貿易開放程度、宏觀經濟政策環境等一系列初始條件會對資本帳戶開放的綜合效應造成影響,且具有顯著的「門檻效應」。當一國具有較高的金融發展程度、較好的制度質量、良好的地方債務、充足的外匯儲備以及匯率制

度富有彈性時，政府放開資本帳戶管制不僅會有助於提高資本帳戶開放的經濟增長效應，而且還可以降低開放的風險，從而使資本帳戶開放的綜合效應最大化。

第二，本書研究發現一國金融發展、制度質量、貿易開放程度以及宏觀經濟環境等初始條件對資本帳戶各子領域綜合效應影響的門檻值也是有差異的。本書分析了資本帳戶各子領域開放所產生的經濟增長效應和金融風險效應。同時，各初始條件對資本帳戶各子領域中的流入和流出兩個方面門檻作用的門檻值也具有差異性。關於資本帳戶有序開放的路徑選擇問題的研究實際上是對第一個問題的深化研究，旨在探討一國如何根據自身初始條件狀況，在資本帳戶開放綜合效應最大化的目標下有序規劃和安排資本帳戶各子領域的開放。

第三，關於資本帳戶開放跨境資本流動效應問題的分析。本書研究發現：①在外商直接投資和對外證券投資方面，無論是新興經濟體還是發達經濟體，資本帳戶開放都會對這兩類跨境資本流動規模起到促進作用，且這種促進效應會隨著金融發展水準的提升而增強，呈現出非線性特徵。同時，外商直接投資非線性模型估計出的金融發展水準位置參數值恰好使得大多數新興經濟體落入低區制內，發達經濟體落入高區制內，這說明了金融發展水準並未在新興經濟體普遍提升資本帳戶開放的跨境資本流動效應，而在發達經濟體普遍提升了資本帳戶開放的跨境資本流動效應。②在對外直接投資和對內證券投資方面，當金融發展水準處於較低水準（低於對應的位置參數估計值）時，資本帳戶開放會降低對外直接投資和對內證券投資規模；而當金融發展水準較高（高於對應的位置參數估計值）時，資本帳戶開放會促進對外直接投資和對內證券投資。③相較於發達經濟體而言，新興經濟體的四類跨境資本流動（外商直接投資、對外直接投資、對外證券投資和對內證券投資）與資本帳戶開放之間非線性關係的轉換速度更快。我們前面分析得出，資本帳戶開放對跨境資本流動的影響並非一成不變，而是會隨著時間的推移發生動態變化，這種現象對新興經濟體的影響更加顯著。

第四，關於資本帳戶開放的人民幣效應問題的分析。本書研究發現，儘管中國政府對實際資本帳戶開放持循序漸進、穩步推進的原則，整個進程保持穩健狀態，但中國當前的金融發展水準已經與中國在世界上的經濟地位相差太多，審慎推進不代表裹足不前；而且大量研究表明人民幣在國際市場上隱形「貨幣錨」的地位會隨著資本帳戶開放速度加快而得到鞏固，中國堅持打開國門，就意味著不僅要在貨物貿易等經常項目方面對外開放，金融開放也應該加速進行，這是實現人民幣國際化的重要步驟。此外，中國在新興經濟體範圍內

的隱形「貨幣錨」地位相對更高，資本帳戶開放引起的人民幣國際化效應較為明顯，因此，中國逐步提高資本帳戶開放程度會顯著影響新興經濟體貨幣幣值的波動，可以讓包括「一帶一路」範疇內的新興經濟體更多與中國進行貿易往來和使用人民幣結算，增加人民幣在新興經濟體的市場佔有率，提高對中國產品和人民幣的依賴，從而選擇人民幣作為「錨定貨幣」。

8.2 政策建議

第一，中國實施資本帳戶開放之前，應當先全面深化國內改革，在防範系統性金融風險的框架下，加強國內金融產業營商環境、制度環境建設，優化政府支出結構，全面防範控制地方債務水準，加快違規 PPP 項目庫清理，以及完善外匯儲備管理和匯率制度形成機制，從而為中國加快推進資本帳戶開放，從中獲取最大效應營造良好的國內金融環境。

首先，資本帳戶改革的推進應當與配套的經濟、政治環境和金融改革相結合。一國應在保證國內的政治環境和宏觀經濟穩定的基礎上進行金融市場改革，加強相關法律法規的設立與調整，提高國家民主程度和政治穩定性，加強金融市場建設，提高金融體系運行效率和市場監管的有效性，為進一步推進資本帳戶改革創造有利的條件（高禄 等，2018；顧海兵 等，2013）。其次，應協調經常項目開放與資本項目開放的關係，注意貿易開放度對資本帳戶自由化進程的「倒 U 形」影響，促使二者協調發展。同時，一國應加強資本項目流動監管，建立相關管理機構，加強對實際資本流動的監控，尤其是加強對「地下」資本流動項的管理，及時對相關法律和政策法規進行調整更新，避免監管的法律法規出現滯後的現象（韓龍，2012）。最後，資本帳戶開放不宜操之過急，應根據自身的政治、經濟和金融基礎的發展狀況，合理地安排資本項目改革的進程和節奏，不必受到他國或利益集團的影響，過快或過慢地進行相關的改革。資本帳戶開放應當與其他相關改革協調推進，科學合理地安排各項改革的順序和步伐，在風險可控的前提下穩步推進資本帳戶開放（朱孟楠 等，2017；張勇，2015）。

中國在借鑑國際經驗時，不能只看到資本帳戶開放需要具備初始條件的門檻，還應該看到門檻條件逐步提高的趨勢。因此，資本開放的時機選擇亦是十分重要的，要在資本帳戶開放對經濟基礎條件的間接促進效應和對經濟基礎條件要求提升的時間成本之間進行權衡，通過宏觀經濟政策調整和建立資本流動

管理框架以規避資本帳戶開放的風險，並在此基礎上加快開放（何帆，2009）。具體而言，中國可成立強有力的機構，推動制度改革和對外開放，完善和提高頂層設計，避免發生改革難以深入推行的情況。此外，境內外經濟金融聯繫將會日益緊密，伴隨著資本帳戶開放程度的不斷擴大，央行以及外匯管理局監測跨境資本流動的壓力會增大，對中國金融管理機構的要求也會不斷提高。根據利率平拋理論，在資本帳戶開放的情況下，只要存在著境內外利差，具有投資性的國際資本就會從利率低的地方轉移到利率高的地方，大規模的跨境資本流動就需要國內金融監管機構解決國際資本進行市場套利的問題（胡小文，2015）。因此，需要加強各金融監管部門的統籌協調，加強資本帳戶開放管理的頂層設計。對此，需要由央行牽頭，協同中國證監會、銀保監會等多部門統一監管資本帳戶開放後的資本市場和外匯市場。加強資本市場基礎建設，完善資本市場交易機制和治理結構，增加相應金融監管部門的學習培訓以提高相應的防範市場風險能力；構建多層次、豐富高效的資本市場體系，增強市場對資本的吸收與配置作用。外匯管理局需要加強對國際資本跨境流入中國的情況的監測和準備相應的措施，要即時掌握並定期報告跨境資本流入國內股市的動向；防止短期資本在短時間內大進大出對國內金融業和經濟環境造成負面衝擊。此外，銀保監會應聯合央行對規模較大的跨境流動資金進行政策備案，對資本帳戶下各個子項目也應進行定期監測。

第二，新興經濟體特別是中國應找到穩健、有序的資本帳戶開放路徑。

在之前的資本帳戶開放過程中，中國在最大限度地減少金融風險的同時也保證了經濟的高速增長，獲得了相應的經濟增長效應以及降低金融風險效應，主要就是由於選擇了合適的資本帳戶子領域開放順序，並且在推動資本帳戶開放過程中始終遵循漸進有序開放的原則。習近平總書記強調金融應該為實體經濟服務，因此我們可以優先開放服務實體經濟的資本帳戶子領域比如直接投資、貿易信貸等，由於這些交易行為與經常項目結合緊密，且大多數存在真實的貿易背景，因而我們將這類開放之後風險效應較低的、穩定性較高的領域優先進行開放；而類似於金融性資本交易如證券投資等風險效應較大的資本帳戶子項目，應審慎開放。金融性資本交易屬於投機性資本，缺乏實物交易背景往往容易增加金融資產槓桿率，加劇資產泡沫風險。20世紀一些新興經濟體經濟體在開放資本帳戶後遇到大量投機性資本流出、流入，最終釀成金融危機。因此，中國對資本帳戶下金融性資本交易開放應採取審慎態度，應該在條件成熟、風險可控的情況下選擇開放。之前中國人民銀行課題組經過長期調研分析，設計出一份符合中國國情的資本帳戶開放路徑，即先開放長期類資本項

目，後開放短期類資本項目如房地產、股票等（陸長榮 等，2016）。中國房地產、股票等市場本身發展不健全，現在還處於從初級階段走向成熟的過程之中，發展程度較低；此外，中國房地產存在大量泡沫，抵禦外來資本衝擊的能力較低。此時若未等相應體制機制健全就盲目開放短期類資本帳戶項目，會使得中國的金融資產泡沫進一步加大，加大金融風險發生概率；更嚴重的是，有可能會導致中國發生資本大規模外逃的事件，釀成金融危機，給改革開放四十年的成果造成巨大損失。

　　此外，由於各子領域流入流出方向不同，初始條件對各子領域資本帳戶開放門檻作用的門檻值也是不相同的。因此，資本帳戶有序開放不僅體現在各子領域之間的有序開放，還體現在同一子領域的流入和流出兩個方向的有序開放（李靖，2014；李坤望 等，2012）。通過前文實證分析的結果，我們可以看出，在直接投資類和股本證券投資類，資本項目應先對外開放再對內開放；而對債務資本類資本則應先對外開放再對內開放。當前，中國的資本流入流出規模已經非常大，其中可能產生的風險因素也較多，這就要求中國金融監管機構及時追蹤資本帳戶開放下跨境資金的流入流出，未雨綢繆，提前制定相關的危機預案，切實加強跨境資金流動監管，提高對整體風險防範的把控力（李麗玲 等，2016；李巍，2014；李巍，2016）。具有投機性的國際資本總是偏好存在利率差的國家。要想在金融市場上讓市場對資源配置起到決定性作用，國內利率水準必須能夠真實反應出國內資本的稀缺程度，這就要求增強利率的自我調節能力，政府及金融機構應深入推進利率市場化改革。由於國際資金的流入流出受利率影響很大，通過在政策工具上增強管理靈活性，能夠有效管理國際資本的流入流出，引導適度規模的國際資金流入，避免大規模的資金流出。中國應逐步消除利差，制定長期產業規劃，使國際資本在流入國內後可投資到長期投資項目上，優化利用外資水準。前文對資本帳戶開放的定義明確指出，資本帳戶雖然開放，但並不是無管理的開放，開放跟宏觀調控、審慎治理並不衝突，我們在資本帳戶開放之前必須制定必要的資本管制管理措施，阻止資本的大進大出對國內經濟穩定造成衝擊，杜絕國內外資本的非法流出現象，最大限度減少資本外逃（李欣欣 等，2015；林博，2013）。

　　第三，積極協調新興經濟體和發達經濟體之間的資本帳戶開放政策。

　　國際資本流動的全面管理，離不開新興經濟體和發達經濟體之間的政策協調，中國作為第一大新興經濟體有必要和責任將新興經濟體和發達經濟體之間的政策協調規範化、機制化，一方面可以避免新興經濟體內部實施「以鄰為壑」的資本流動管理政策，另一方面也可以最大限度地降低全球金融系統內

核心國家因實施國內金融政策所帶來的負外部性（霍偉東，2013；霍偉東，2015；江小娟，2002）。

第四，協調推進資本帳戶開放與人民幣國際化戰略。

中國在未來要逐步深化金融領域的改革開放，兩條主要的路徑便是資本帳戶開放和人民幣國際化；同時，這兩條主要路徑也與中國的金融開放相輔相成，協調推進（雷文妮 等，2017；李稻葵，2008；李稻葵，2011）。資本帳戶開放有助於推動人民幣國際化進程，但若是開放條件不成熟，開放時機不正確，開放路徑有偏頗，則會給中國穩定的宏觀經濟現狀帶來巨大的衝擊，提高發生系統性金融風險的概率，甚至引發金融危機（高洪民，2016）。怎樣把控資本帳戶的開放程度，使之既能更好地推進人民幣國際化進程又可以有效防範開放後帶來的跨境資本流動衝擊，是當前中國需要認真對待的問題。為此，人民幣想要實現國際化，成為世界通用的國際貨幣，就必須要具備「結算、投資和儲備貨幣」等國際貨幣一般職能。據此，我們根據研究內容以及結論提出進一步開放資本帳戶的相關政策建議：在國際貿易中增加使用人民幣結算的項目，充分發揮人民幣的投資貨幣職能，增加在國際投資中人民幣所占比重，尤其是在「一帶一路」沿線國家內的投資項目以及基礎原材料、石油等大宗商品交易中增加使用人民幣結算的規模跟範圍，進一步強化人民幣在一些新興經濟體的結算貨幣的地位，推動建立以人民幣為計價單位的貨物服務貿易，逐步實現人民幣由貿易結算職能向貿易品計價職能轉變（林樂芬 等，2015；林毅夫，2014）。中國在推進人民幣國際化進程中要強調新興經濟體的重要地位，嘗試性地以新興經濟體為區域基礎構建「人民幣區」。

8.3　研究展望

本書在非線性框架下分析了初始條件與資本帳戶開放的經濟增長效應與金融風險效應之間的關係，並從跨境資本流動和人民幣國際化兩個方面研究了資本帳戶開放的效應問題。從長遠來看，全球經濟一體化仍然是大勢所趨，中國要想成為世界一流強國，人民幣必須走出國門，金融發展程度要實現與貿易發展成就相匹配的目標；而資本帳戶也必然會開放，國內外資金自由流動，跨境資本自由進出，最終實現貨物、信息和人才的自由流動。要實現這一目標，當前中國還需要進一步深化對內改革，提升產業結構水準，完成資本帳戶開放先決條件建設，越過資本帳戶開放門檻，為最大化資本帳戶開放收益做好準備。

可以說，本書的研究內容具有一定的學術價值，但是本書仍然存在一些不足，有待後續進一步研究。

首先，研究內容範圍不夠廣。由於篇幅的限制加之研究內容的側重點，本書主要在關於資本帳戶開放的效應分析方面重點考察了資本帳戶開放對跨境資本流動效應和人民幣國際化效應兩個方面的影響，然而資本帳戶開放對一國宏觀經濟金融系統的影響還體現在一國的外匯儲備、商業銀行信貸危機、匯率制度改革等方面。另外，本書只探討了金融發展對資本帳戶開放的跨境資本流動效應的非線性的影響，而金融發展也可能對資本帳戶開放其他效應存在非線性影響，例如外匯儲備、AH股票溢價等方面。各國特別是新興經濟體更好地獲得資本帳戶開放所帶來的正向效應，降低其所帶來的負向效應，需要相應理論支持，而本書並未給予研究。

其次，實證分析有待進一步細化。本書重點分析了資本帳戶開放對一國跨境資本流動狀況及貨幣國際化的影響，並沒有細化分析其對資本帳戶項目下各子領域的不同影響效應。資本帳戶項目分為直接投資資本、股本證券資本以及債券投資類資本等不同類別的子項目，為了區分不同類型資本項目開放對一國宏觀經濟的影響，還可以運用動態一般均衡模型對資本帳戶各子領域的開放進行政策模擬，評估出背後潛在的風險。另外，本書更偏向於從經濟學的視角來分析資本帳戶開放對人民幣國際化效應的影響，但人民幣國際化不僅僅是一項經濟層面的自發的工程，更是一項具有濃重的政府推動色彩的工程。因此，之後的資本帳戶開放的人民幣國際化效應研究，有必要引入政治機制，從政治經濟學的角度實證分析資本帳戶開放的人民幣國際化效應。

最後，相關的理論分析深度不足，有待後續深入研究。本書採用的基於利率平價理論的模型大多基於宏觀層面展開，缺乏微觀基礎。例如資本帳戶開放的跨境資本流動模型中沒有引入家庭和廠商等市場微觀基礎如何在國際資本流動過程中追逐效用最大化和利益最大化。因此，本書的理論模型還存在進一步拓展和創新的空間，有待在後續研究中加入微觀層面的影響進行分析，以此更加全面地對資本帳戶開放相應政策的變化機制進行分析。

參考文獻

白曉燕，王培杰，2008. 資本管制有效性與中國匯率制度改革 [J]. 數量經濟技術經濟研究 (9): 65-76.

陳炳才，田青，2013. 資本帳戶開放與人民幣國際化 [J]. 中國金融 (11): 51-52.

陳雨露，2008. 國際金融學 [M]. 北京：中國人民大學出版社.

陳元，錢穎一，2014. 資本帳戶開放——戰略，時機與路線圖 [M]. 北京：社會科學文獻出版社.

程惠芳，朱一鳴，潘奇，等，2016. 中國的資本帳戶開放、匯率制度改革與貨幣危機 [J]. 國際貿易問題 (11): 165-176.

鄧敏，2013. 發展中國家金融開放的時機抉擇及政策選擇 [D]. 上海：華東師範大學.

鄧敏，藍發欽，2013. 金融開放條件的成熟度評估：基於綜合效應的門檻模型分析 [J]. 經濟研究, 48 (12): 120-133.

鄧敏，2013. 制度質量對金融開放效應影響的最新進展 [J]. 經濟體制改革 (2): 135-139.

丁一兵，2016. 離岸市場的發展與人民幣國際化的推進 [J]. 東北亞論壇 (1): 21-30.

董青馬，盧滿生，2010. 金融開放度與發展程度差異對銀行危機生成機制影響的實證分析 [J]. 國際金融研究 (6): 79-85.

方顯倉，孫琦，2014. 資本帳戶開放與中國銀行體系風險 [J]. 世界經濟研究 (3): 9-87.

馮維江，2010. 國際貨幣權利的歷史經驗與「第三世界貨幣區」的可能性 [J]. 當代亞太 (5): 23-50.

弗里德曼，2001. 貨幣數量論研究 [M]. 北京：中國社會科學出版社.

付爭，許佳，2014.「人民幣區」初現與中國培育區域性貨幣依賴的可能性分析［J］當代亞太（4）：101-125.

高海紅，餘永定，2010. 人民幣國際化的含義與條件［J］. 國際經濟評論（1）：46-64.

高海紅，2016. 人民幣國際化的基礎和政策次序［J］. 東北亞論壇（1）：11-20.

高洪民，2016. 基於兩個循環框架的人民幣國際化路徑研究［J］. 世界經濟研究（6）：3-11.

高祿，車維漢，2018. 資本帳戶開放的經濟基礎條件分析［J］. 世界經濟研究（2）：13-134.

顧海兵，夏夢，2013. 基於國家經濟安全的資本帳戶開放程度實證分析［J］. 學習與探索（6）：106-110.

顧乃康，王貴銀，2012. 中國上市公司資本結構調整中的臨界效應檢驗——基於門檻迴歸模型的研究［J］. 中山大學學報（社會科學版），52（3）：195-206.

郭桂霞，彭艷，2016. 中國資本帳戶開放的門檻效應研究［J］. 金融研究（3）：42-58.

韓龍，2012. 美元崛起歷程及對人民幣國際化的啟示［J］. 國際金融研究（10）：37-46.

何帆，2009. 人民幣國際化的現實選擇［J］. 國際經濟評論（7）：8-14.

胡小文，章上峰，2015. 利率市場化、匯率制度改革與資本帳戶開放順序安排——基於 NOEM-DSGE 模型的模擬［J］. 國際金融研究（11）：14-23.

胡逸聞，戴淑庚，2015. 人民幣資本帳戶開放的改革順序研究——基於 TVP-VAR 模型的期限結構分析［J］. 世界經濟研究（4）：13-127.

霍偉東，楊碧琴，2013. 自由貿易區戰略助推人民幣區域化——基於 CAFTA 的實證研究［J］. 國際貿易問題（2）：68-80.

霍偉東，2015. 人民幣區研究［M］. 北京：人民出版社.

江小涓，李蕊，2002. FDI 對中國工業增長和技術進步的貢獻［J］. 中國工業經濟（7）：5-16.

姜波克，朱雲高，2004. 資本帳戶開放研究：一種基於內外均衡的分析框架［J］. 國際金融研究（4）：12-19.

姜波克，1999. 論開放經濟下中央銀行的衝銷手段［J］. 金融研究（5）：1-4.

科什納. 貨幣與強制：國際貨幣權利的政治經濟學［M］. 李巍，譯. 上海：上海世紀出版集團.

雷達, 趙勇, 2007. 門檻效應、資本帳戶開放與經濟增長 [J]. 中國人民大學學報 (6): 25-33.

雷達, 趙勇, 2008. 中國資本帳戶開放程度的測算 [J]. 經濟理論與經濟管理 (5): 5-13.

雷文妮, 金瑩, 2017. 資本帳戶開放與經濟增長——基於跨國面板數據的研究 [J]. 國際金融研究 (1): 59-67.

李稻葵, 劉霖林, 2008. 人民幣國際化: 計量研究及政策分析 [J]. 金融研究 (11): 1-16.

李稻葵, 徐欣, 伏霖, 2011. 人民幣國際化的路徑研究 [R]. 北京: 清華大學中國與世界經濟研究中心.

李靖, 2014. 人民幣國際化道路設計的再評估 [J] 經濟社會體制比較 (1): 42-51.

李坤望, 劉健, 2012. 金融發展如何影響雙邊股權資本流動 [J]. 世界經濟 (8): 22-39.

李麗玲, 王曦, 2016. 資本帳戶開放、匯率波動與經濟增長: 國際經驗與啟示 [J]. 國際金融研究 (11): 24-35.

李巍, 2008. 資本帳戶開放、金融發展和經濟金融不穩定的國際經驗分析 [J]. 世界經濟 (3): 34-43.

李巍, 朱藝泓, 2014. 貨幣盟友與人民幣的國際化——解釋中國央行的貨幣互換外交 [J]. 世界經濟與政治 (2): 128-154.

李巍, 2016. 夥伴、制度與國際貨幣——人民幣崛起的國際政治基礎 [J]. 中國社會科學 (5): 79-100.

李欣欣, 劉海龍, 2015. 市場非均衡與中國資本帳戶開放風險 [J]. 財經研究, 41 (3): 17-110.

林博, 2013. 人口結構、資本流動與全球經濟失衡 [J]. 世界經濟研究 (7): 8-14.

林樂芬, 王少楠, 2015.「一帶一路」建設與人民幣國際化 [J]. 世界經濟與政治 (11): 72-90.

林毅夫, 2014. 金融改革著力點 [J]. 北大商業評論 (7): 35-39.

陸長榮, 丁劍平, 2016. 中國人民幣國際化研究的學術史梳理與評述 [J]. 經濟學動態 (8): 93-101.

馬杰, 邵晨穎, 2007. 基於Klein資本開放模型的實證研究及其對中國的啟示 [J]. 中央財經大學學報 (5): 69-74.

馬西森，1995. 資本帳戶自由化經驗和問題［M］. 北京：中國金融出版社.

倪權生，潘英麗，2009. G20國家資本帳戶開放度比較研究——基於改進的約束式測度法［J］. 世界經濟研究（2）：19-87.

裴長洪，餘穎豐，2011. 人民幣離岸債券市場現狀與前景分析［J］. 金融評論，3（2）：40-124.

彭紅楓，譚小玉，陳文博，等，2015. 亞洲貨幣合作和人民幣區域化進程——基於帶傅里葉變化的SURADF實證探究［J］. 世界經濟研究（1）：36-47.

彭紅楓，譚小玉，占海偉，2018. 資本帳戶開放：影響因素與國際經驗［J］. 武漢大學學報（哲學社會科學版），71（2）：119-129.

羌建新，2005. 淺析發展中國家資本帳戶開放的前提條件［J］. 國際關係學院學報（3）：40-45.

邵軍，徐康寧，2008. 制度質量、外資進入與增長效應：一個跨國的經驗研究［J］. 世界經濟（7）：3-14.

邵路遙，劉堯成，2016. 中國資本帳戶開放與人民幣國際化的關係研究——基於國際經驗比較的影響因素分析［J］. 上海經濟研究（3）：37-43.

蘇治，李進，2013. 人民幣區域化的現狀與發展戰略——以東盟和東亞地區為例［J］. 財貿經濟（4）：50-57.

孫杰，2014. 跨境結算人民幣化還是人民幣國際化？［J］. 國際金融研究（4）：39-48.

孫俊，於津平，2014. 資本帳戶開放路徑與經濟波動——基於動態隨機一般均衡模型的福利分析［J］. 金融研究（5）：48-64.

孫凱，2014. 對中國國際資本流動與FH關係式的再考察［J］. 經濟問題探索（12）：145-150.

孫力軍，2008. 金融發展、FDI與經濟增長［J］. 數量經濟技術經濟研究（1）：3-14.

王國松，曹燕飛，2012. 中國資本帳戶與金融開放測度研究：1982—2010［J］. 國際經貿探索，28（11）：68-76.

王錦慧，藍發欽，2007. 資本項目開放促中國經濟增長的實證研究［J］. 上海金融（10）：10-14.

王曦，陳中飛，王茜，2015. 中國資本帳戶加速開放的條件基本成熟了嗎？［J］. 國際金融研究（1）：70-82.

吳官政，2012. 人民幣國際化目標定位及路徑分析［J］. 經濟學家（2）：83-89.

項後軍，潘錫泉，2011. 開放框架下包含資產因素的中國貨幣需求函數研究

[J]. 經濟科學 (5)：43-56.

熊芳，黃憲，2008. 中國資本帳戶開放次序的實證分析 [J]. 國際金融研究 (3)：57-62.

熊衍飛，陸軍，陳鄭，2015. 資本帳戶開放與宏觀經濟波動 [J]. 經濟學（季刊），14 (4)：1255-1276.

楊榮海，李亞波，2017. 資本帳戶開放對人民幣國際化「貨幣錨」地位的影響分析 [J]. 經濟研究，52 (1)：134-148.

楊榮海，2014. 當前貨幣國際化進程中的資本帳戶開放路徑效應分析 [J]. 國際金融研究 (4)：50-61.

楊子暉，陳創練，2015. 金融深化條件下的跨境資本流動效應研究 [J]. 金融研究 (5)：34-49.

殷劍峰，2011. 人民幣國際化：「貿易結算+離岸市場」，還是「資本輸出+跨國企業」？——以日元國際化的教訓為例 [J]. 國際經濟評論 (4)：53-68.

遊宇，黃宗曄，2016. 資本管制對融資結構和經濟增長的影響 [J]. 金融研究 (10)：32-47.

餘永定，2014. 尋求資本項目開放問題的共識 [J]. 國際金融研究 (7)：3-6.

餘永定，2011. 再論人民幣國際化 [J]. 國際經濟評論 (5)：7-13.

張春寶，石為華，2016. 中國資本帳戶及各管制項目開放程度的測度研究 [J]. 經濟與管理，30 (3)：28-33.

張國兵，安燁，2013. 人民幣國際化進程中的資本帳戶開放分析 [J]. 當代經濟研究 (3)：51-55.

張明，肖立晟，2014. 國際資本流動的驅動因素：新興經濟體與發達經濟體的比較 [J]. 世界經濟 (8)：151-172.

張明，2015. 人民幣國際化與亞洲貨幣合作：殊途同歸？ [J]. 國際經濟評論 (2)：55-67.

張小波，傅強，2011. 金融開放對中國經濟增長的效應分析及評價——基於中國1979—2009年的實證分析 [J]. 經濟科學 (3)：5-16.

張勇，2015. 熱錢流入、外匯衝銷與匯率干預——基於資本管制和央行資產負債表的DSGE分析 [J]. 經濟研究，50 (7)：116-130.

張宇燕，張景春，2008. 貨幣性質與人民幣的未來選擇——兼論亞洲貨幣合作 [J]. 當代亞太 (2)：9-43.

張宇燕，2010. 人民幣國際化：讚同還是反對？ [J]. 國際經濟評論 (1)：38-45.

趙家悅，2017. 中心—外圍視角下國際資本流動非對稱性研究 [D]. 北京：對

外經濟貿易大學.

趙新泉, 劉文革, 2016. 金融發展與國際資本流動: 新興經濟體與發達經濟體比較 [J]. 經濟學家 (6): 76-84.

中國人民銀行調查統計司課題組, 2012. 中國加快資本帳戶開放的條件基本成熟 [J]. 中國金融 (5): 14-17.

中國人民銀行調查統計司課題組, 2012. 協調推進利率匯率改革和資本帳戶開放 [J]. 中國金融 (9): 9-12.

周小川, 2012. 人民幣資本項目可兌換的前景和路徑 [J]. 金融研究 (1): 1-19.

朱冰倩, 潘英麗, 2015. 資本帳戶開放度影響因素的實證分析 [J]. 世界經濟研究 (7): 14-127.

朱孟楠, 丁冰茜, 閆帥, 2017. 人民幣預期匯率、短期國際資本流動與房價 [J]. 世界經濟研究 (7): 17-29.

ALESINA A, SUMMERS L H, 1993. Central Bank Independence and Macroeconomic Performance: Some Comparative Evidence [J]. Money, Credit and Banking, 25 (2).

ACEMOGLU D, ZILIBOTTI F, 1997. Was Prometheus Unbound by Chance? Risk, Diversification, and Growth [J]. Political Economy, 105 (4): 709-751.

AGHION P, BACCHETTA P, BANERJEE A, 2004. Financial Development and Instability of Open Economy [J]. Journal of Monetary Economics (51): 1077-1106.

AIZENMAN J, LEE Y, RHEE Y, 2007. International Reserves Management and Capital Mobility in a Volatile World: Policy Considerations and a Case Study of Korea [J]. Japanese and International Economies, 21 (1): 1-15.

ALBUQUERQUE R, 2003. The Composition of International Capital Flows: Risk Sharing through Foreign Direct Investment [J]. Journal of International Economics, 61 (2): 353-383.

ALFARO L, KALEMLI-OZCAN S, VOLOSOVYCH V, 2007. Capital Flows in a Globalized World: The Role of Policies and Institutions [M] // Capital Controls and Capital Flows in Emerging Economies: Policies, Practices and Consequences. Chicago: University of Chicago Press.

AOKI K, BENIGNO G, KIYOTAKI N, 2010. Adjusting to Capital Account Liberalization [Z]. Discussion Paper Series.

ARIZE A C, 1995. The Effects of Exchange-rate Volatility on US Exports: An Empirical Investigation [J]. Southern Economic, 62 (1): 34-43.

ARORA V, HABERMEIER K, OSTRY J D, 2013. The Liberalization and Management of Capital Flows: An Institutional View [J]. Revista De Economia Institucional, 15 (28): 205-255.

ARTETA C, EICHENGREEN B, WYPLOSZ C, 2001. When Does Capital Account Liberalization Help More Than It Hurts? [Z]. National Bureau of Economic Research.

AXEL D, 2006. Does globalization affect growth? Evidence from a new index of globalization [J]. Applied Economics, 38 (10).

BAILLIU J N, 2000. Private Capital Flows, Financial Development, and Economic Growth in Developing Countries [R]. Bank of Canada.

BALASUBRAMANYAM V N, SALISU M, SAPSFORD D, 1996. Foreign Direct Investment and Growth in EP and IS Countries [J]. Economic Journal (1): 92-105.

BARRO R J, LEE J W, 2013. A new data set of educational attainment in the world, 1950—2010 [J]. Development Economics, 104 (15902): 184-198.

BARRO R J, 1996. Determinants of Economic Growth: a Cross-country Empirical Study [Z]. National Bureau of Economic Research.

BARRO R J, 1991. Economic Growth in a Cross Section of Countries [J]. The Quarterly Journal of Economics, 106 (2): 407-443.

BARRY E, DOMENICO L, 2015. Rmbi or Rmbr: Is the Renminbi Destined to Become a Global or Regional Currency? [Z]. NBER Working Paper.

BARRY E, 2014. Issues for Renminbi Internationalization: An Overview [Z]. ADBI Working Paper, No.454.

BEKAERT G, HARVEY C R, LUNDBLAD C, 2005. Does financial liberalization spur growth? [J]. Social Science Electronic Publishing, 77 (1): 3-55.

BEKAERT G, 1995. Market Integration and Investment Barriers in Emerging Equity Markets [J]. World Bank Economic Review, 9 (1): 75-107.

BHAGWATI J, 1998. The Capital Myth: The Difference Between Trade in Widgets and Dollars [J]. Foreign Affairs, 77 (3): 7-12.

BLANCHARD O, OSTRY J D, GHOSH A R, 2016. Capital Flows: Expansionary or Contractionary? [J]. American Economic Review, 106 (5): 565-569.

BONFIGLIOLI A, MENDICINO C, 2004. Financial Liberalization, Banking Crises and Growth: Assessing the Links [R]. Stockholm School of Economics (567).

BUMANN S, LENSINK R, 2016. Capital Account Liberalization and Income Inequality [J]. International Money & Finance, 61.

CABALLERO R, KRISHNAMURTHY A, 2004. Fiscal Policy and Financial Depth [Z]. NBER Working Paper.

CALVO G. A, LEIDERMAN L, REINHART C M, 1996. Inflows of Capital to Developing Countries in the 1990s [J]. Journal of Economic Perspectives, 10 (2): 123-139.

CAVALLO E A, 2008. Output Volatility and Openness to Trade: a Reassessment [J]. Economia, 9 (1): 105-138.

CHINN M D, ITO H, 2008. A New Measure of Financial Openness [J]. Comparative Policy Analysis: Research and Practice, 10 (3): 309-322.

CHINN MENZIE, HIRO ITO, 2002. Capital account Liberalization, Institutions and Financial Development: Cross Country Evidence [Z]. NBER Working Paper, No8967.

CHINN M D, ITO H, 2006. What Matters for Financial Development? [J]. Capital Controls, Institutions, and Interactions [J]. Development Economics, 81 (1): 163-192.

EDISON H J, LEVINE R, RICCI L, 2002. International financial integration and economic growth [J]. International Money & Finance, 21 (6): 749-776.

EDISON H J, FRANCIS E W, 2003. A Simple Measure of the Intensity of Capital Controls [J]. Empirical Finance, 10: 81-103.

EDWARDS S, 2008. Financial Openness, Currency Crises, and Output Losses [M] // Financial Markets Volatility and Performance in Emerging Markets. University of Chicago Press: 97-120.

EDWARDS S, 2007. Capital Controls, Sudden Stops, and Current Account Reversals [M] // Capital Controls and Capital Flows in Emerging Economies: Policies, Practices and Consequences. University of Chicago Press: 73-120.

EDWARDS S, M KHAN, 1985. Interest Rate Determination in Developing Countries: A Conceptual Framework [Z]. NBER Working Paper, No1531.

EDWARDS S, 2001. Capital Mobility and Economic Performance: Are Emerging Economies Different? [Z]. National Bureau of Economic Research.

EDWARDS S, KHAN M S, 1985. Interest rate determination in developing countries: A conceptual framework [Z]. IMF Staff Papers (9): 377-403.

EICHENGREEN B, GULLAPALLI R, PANIZZA U, 2011. Capital account liberalization, financial development and industry growth: A synthetic view [J]. International Money & Finance, 30 (6): 1090-1106.

EICHENGREEN B, 2001. Capital Account Liberalization: What Do Cross-Country Studies Tell Us? [J]. World Bank Economic Review, 15 (3): 341-365.

EICHENGREEN B, LEBLANG D, 2003. Capital Account Liberalization and Growth: Was Mr. Mahathir Right ? [J]. Finance & Economics (8): 205-224.

EICHENGREEN B, LEBLANG D, 2008. Democracy and Globalization [J]. Economics Politics, 20 (3).

EICHENGREEN B, GULLAPALLI R, PANIZZA U, 2011. Capital Account Liberalization, Financial Development and Industry Growth: A Synthetic View [J]. International Money and Finance, 30 (6): 1090-1106.

EMILIANO B, LAURA D, LORENA G, 2009. Understanding the money – prices relationship under low and high inflation regimes: Argentina 1977 – 2006 [J]. Journal of International Money and Finance, 28 (7).

FELDSTEIN M, CHARLES H, 1980. Domestic Saving and International Capital Flows [J]. Economic Journal, 90 (358): 314-329.

FERNANDEZ A, KLEIN M W, REBUCCI A, 2016. Capital Control Measures: A New Dataset [J]. IMF Economic Review, 64 (3).

FRANKEL J A, 1992. Is Japan Creating a Yen Bloc in East Asia and the Pacific? [Z]. NBER Working Paper.

GARITA G, ZHOU C, 2009. Can Open Capital Markets Help Avoid Currency Crises? [Z]. De Nederlandsche Bank.

GRILLI V, MILESI-FERRETTI G, 1995. Economic Effects and Structural Determinants of Capital Controls [Z]. IMF Staff Papers, 42 (3): 517-551.

GRILLI V, MILESI-FERRETTI G, 1995. Structural Determinants and Economic Effects of Capital Controls [Z]. IMF Staff Papers, 42 (3).

HANSEN B E, 1999. Threshold Effects in Non-Dynamic Panels: Estimation, Testing and Inference [J]. Journal of Econometrics, 93 (2): 345-368.

HANSEN B E, 2000. Sample Splitting and Threshold Estimation [J]. Econometrica, 68 (3): 575-603.

HAQUE N, MONTIEL P, 1990. Capital Mobility in Developing Countries-Some Empirical Tests [Z]. IMF Working Papers.

HAUSMAN R, FERNANDEZ A, 2000. Foreign Direct Investment: Good Cholesterol [Z]. IADB Research Department Working Paper.

HONIG A, 2008. Do Improvements in Government Quality Necessarily Reduce the Incidence of Costly Sudden Stops? [J]. Banking and Finance, 32 (3): 360-373.

ILZETZKI E O, REINHART C M, ROGOFF K, 2008. Exchange Rate Arrangements into the 21st Century: Will the Anchor Currency Hold? [J]. Quarterly Journal of Economics, 119 (1): 1-48.

International Monetary Fund, 2011. International Capital Flow: Reliable or Fickle [R]. World Economic Outlook.

ITO H, 2004. Is Financial Openness a Bad Thing? An Analysis on the Correlation Between Financial Liberalization and the Output Performance of Crisis-Hit Economies [Z]. UC Santa Cruz International Economics Working Paper: 04-23.

ITO T, 2016. A New Financial Order in Asia: Will a RMB Bloc Emerge? [Z]. NBER Working Paper.

JEFFREY F, SHANG J W, 2007. Assessing China's Exchange Rate Regime [J]. Economic Policy (22): 575-614.

JEFFREY F, SHANG J W, 1994. Yen Bloc or Dollar Bloc? Exchange Rate Policies of the East Asian Economies [M] // Macroeconomic Linkages: Savings, Exchange Rates and Capital Flows. Chicago: University of Chicago Press.

JEON B N, ZHANG H F, 2007. A Currency Union or an Exchange Rate Union: Evidence from Northeast Asia [J]. Journal of Economic Integration, 22 (2): 256-287.

KALEMLI-OZCAN S, SRENSEN B E, YOSHA O, 2003. Risk Sharing and Industrial Specialization: Regional and International Evidence [J]. American Economic Review, 93 (3): 903-918.

KALIMIPALLI M, SUSMEL R, 2004. Regime-Switching Stochastic Volatility and Short-term Interest Rates [J]. Journal of Empirical Finance (11): 309-329.

KAYA I, LYUBIMOV K, MILETKOV M, 2012. To liberalize or not to liberalize: Political and economic determinants of financial liberalization [J]. Emerging Markets Review, 13 (1): 78-99.

KLEIN M W, 2005. Capital Account Liberalization, Institutional Quality and Economic Growth: Theory and Evidence [Z]. National Bureau of Economic Research.

KOSE M A, PRASAD E, ROGOFF K, 2010. Chapter 65 – Financial Globalization and Economic Poicies [M]. Handbook of Development Economics, Elsevier B: 4360-4362.

KOSE M A, PRASAD E, ROGOFF K, 2009b. Financial Globalization: A Reappraisal [Z]. IMF Staff Papers, 56 (1): 8-62.

KOSE M A, PRASAD E, TAYLOR A D, 2009. Thresholds in the process of international financial integration [J]. International Money & Finance, 30 (1): 147-179.

KOSE M A, PRASAD R, ROGOFF K W, 2009. Financial Globalization: A Reappraisal [Z]. IMF Staff Papers (56): 8-62.

KRAAY A, 1998. In Search of the Macroeconomic Effects of Capital Account Liberalization [R]. Washington: World Bank.

KRUEGER A, 1998. Why Trade Liberalisation is Good for Growth [J]. Economic Journal, 108 (450): 1513-1522.

LANE P, 2004. Empirical Perspectives on Long-Term External Debt [J]. Topics in Macroeconomics (4): 1-21.

LANE P R, MILESI-FERRETTI G M, 2001. The External Wealth of Nations: Measures of Foreign Assets and Liabilities for Industrial and Developing Countries [J]. International Economics, 55 (2): 263-294.

LANE P, MILESI-FERRETTI G M, 2001. The External Wealth of Nations: Measures of Foreign Assets and Liabilities for Industrial and Developing Nations [J]. International Economics, 55 (2): 263-294.

LEVINE R, 2001. International Financial Liberalization and Economic Growth [J]. Review of International Economics, 9 (4): 688-702.

LEVINE R, SARA Z, 1998. Stock Markets, Banks, and Economic Growth [J]. American Economic Review, 88 (6): 537-558.

LEVY-YEYATI E, STURZENEGGER F, 2003. To Float or to Fix: Evidence on the Impact of Exchange Rate Regimes on Growth [J]. American Economic Review, 93 (4): 1173-1193.

MCKINNON R, 2005. Exchange Rates under the East Asian Dollar Standard [M]. Cambridge, MA: The MIT Press.

MCKINNON R I, 2000. The East Asian Dollar Standard, Life after Death [J]. Economics Notes, 29 (1): 38-82.

MCKINNON R I, PILL H, 1996. Credible Liberalizations and International Capital Flows: The Overborrowing Syndrome [M] // Financial Deregulation and Integration in East Asia. University of Chicago Press.

MENDOZA E G, QUADRINI V, RIOSRULL J V, 2009. Financial Integration, Financial Development and Global Imbalances [J]. Journal of Political Economy, 117 (3): 371-416.

MISHKIN F S, 2006. The Next Great Globalization: How Disadvantaged Nations Can Harness Their Financial Systems to Get Rich [M]. Princeton, N. J.: Princeton University Press.

MONTIEL P, REINHART C M, 1999. Do capital controls and macroeconomic policies influence the volume and composition of capital flows? Evidence from the 1990s [J]. International Money and Finance, 18 (4): 619-635.

OGAWA E, JUNKO S, 2006. Progress Toward a Common Currency Basket System in East Asia [Z]. Research Institute of Economy, Trade, and Industry (RIETI), Discussion.

OHNO K, 1999. Exchange Rate Management in Developing Asia: A Reassessment of the Pre-crisis Soft Dollar Zone [Z]. Tokyo: Asian Development Bank.

OSTRY J D, GHOSH A R, HABERMEIER K, 2010. Capital Inflows: The Role of Controls [J]. Dennis Reinhardt, 12 (23): 135-164.

PAGAN A, 1996. The Econometrics of Financial Markets [J]. Journal of Empirical Finance (3): 15-102.

PANDYA S, 2014. Democratization and Foreign Direct Investment Liberalization, 1970-2000 [J]. International Studies Quarterly, 58 (3).

PARK B, AN J, 2012. Can Capital Control Liberalization Lessen Capital Volatility in a Country with Original Sin? [J]. World Development (11): 1-22.

PHILIP R L, MILESI-FERRETTI G M, 2006. The external wealth of nations mark: Revised and extened estimates of foreign assets and liabilities, 1970-2004 [J]. International Economics, 73 (2): 223-250.

PHILIP R L, MILESI-FERRETTI G M, 2007. The external wealth of nations mark II: Revised and extended estimates of foreign assets and liabilities, 1970-2004 [J]. International Economics, 73 (2).

PORTS R, REY H, 2005. The Determinants of Cross-Border Equity Transaction Flows [J]. Journal of International Economics (65): 269-296.

PRASAD E, ROGOFF K, WEI S J, 2003. Effects of Financial Globalisation on Developing Countries: Some Empirical Evidence [J]. Economic & Political Weekly, 38 (41): 4319-4330.

PRASAD E S, RAJAN R G, SUBRAMANIAN A, 2007. Foreign Capital and Economic Growth [Z]. National Bureau of Economic Research.

REID W C, 2009. The ASEAN dollar standard in the post-crisis era: A reconsideration [J]. Journal of Asian Economics, 20 (3): 269-279.

REINHART C M, ROGOFF K S, 2004. The Modern History of Exchange Rate Arrangements [J]. Quarterly Journal of Economics, 119 (1).

REISEN H, SOTO M, 2001. Which Types of Capital Inflows Foster Developing - Country Growth? [J]. International Finance (4): 1-14.

RODRIK D, 1998. Who Needs Capital-account Convertibility? [M] // FISCHER S, COOPER R N, DORNBUSCH R, et al. Should the IMF Pursue Capital Account Convert-ibility? Essays in International Finance 207. Princeton: Princeton University: 55-65.

RONALD M, GUNTHER S, 2004. The East Asian Dollar Standard, Fear of Floating, and Original Sin [J]. Review of Development Economics, 8 (3): 331-360.

ROSS L, 2005. Chapter 12 - Finance and Growth: Theory and Evidence [J]. Handbook of Economic Growth (1): 865-934.

SCHINDLER M, 2009. Measuring Financial Integration: A New Data Se [Z]. IMF Staff Papers, 56 (1): 222-238.

SCHNEIDER B, 2001. Issues in Capital Account Convertibility in Developing Countries [J]. Development Policy Review, 19 (1): 31-82.

TAKATOSHI I, 2016. A New Financial Order in Asia: Will a RMB Bloc Emerge? [Z]. NBER.

WACZIARG R, WELCH K H, 2008. Trade Liberalization and Growth: New Evidence [J]. World Bank Economic Review, 22 (2): 187-231.

附表

附表 1　經濟增長條件成熟度評估門檻及賦值結果（外商直接投資）

初始條件	門檻值(臨界值)	國家分類	經濟增長效應	評估等級	賦值
金融發展	TV>147	高金融發展國家	強促進	優	10
	81≤TV≤147	中等金融發展國家	弱促進	良	8
	TV<81	低金融發展國家	強抑制	差	4
制度質量	TV>0.58	高制度質量國家	強促進	優	10
	TV≤0.58	低制度質量國家	強抑制	差	4
貿易開放	TV>67	高貿易開放國家	強抑制	差	4
	19≤TV≤67	中等貿易開放國家	弱抑制	中	6
	TV<19	低貿易開放國家	強促進	優	10
通貨膨脹	TV>9.7	高通脹國家	強抑制	差	4
	TV≤9.7	低通脹國家	強促進	優	10
政府支出占GDP比重	TV>20.7	高政府支出國家	強促進	優	10
	13≤TV≤20.7	中等政府支出國家	弱促進	良	8
	TV<13	低政府支出國家	強抑制	差	4
外匯儲備占GDP比重	TV>3	高外匯儲備國家	強抑制	差	4
	TV≤3	低外匯儲備國家	強促進	優	10
匯率制度	TV>13.4	高匯率彈性國家	強抑制	差	4
	1.2≤TV≤13.4	中等匯率彈性國家	強促進	優	10
	TV<1.2	低匯率彈性國家	弱促進	良	8

附表 2　經濟增長條件成熟度評估門檻及賦值結果（對外直接投資）

初始條件	門檻值(臨界值)	國家分類	經濟增長效應	評估等級	賦值
金融發展	TV>209	高金融發展國家	強促進	優	10
	147≤TV≤209	中等金融發展國家	弱促進	良	8
	TV<147	低金融發展國家	強抑制	差	4
制度質量	TV>1.6	高制度質量國家	強促進	優	10
	−1.01≤TV≤1.6	中等制度質量國家	弱抑制	中	6
	TV<−1.01	低制度質量國家	強抑制	差	4
貿易開放	TV>54	高貿易開放國家	強抑制	差	4
	TV≤54	低貿易開放國家	強促進	優	10
通貨膨脹	TV>32	高通脹國家	強抑制	差	4
	TV≤32	低通脹國家	強促進	優	10
政府支出占GDP比重	TV>13	高政府支出國家	強促進	優	10
	TV≤13	低政府支出國家	強抑制	差	4
外匯儲備占GDP比重	TV>4	高外匯儲備國家	強抑制	差	4
	TV≤4	低外匯儲備國家	強促進	優	10
匯率制度	TV>1.2	高匯率彈性國家	強促進	優	10
	TV≤1.2	低匯率彈性國家	強抑制	差	4

附表 3　經濟增長條件成熟度評估門檻及賦值結果（對內證券投資）

初始條件	門檻值(臨界值)	國家分類	經濟增長效應	評估等級	賦值
金融發展	TV>209	高金融發展國家	強促進	優	10
	87≤TV≤209	中等金融發展國家	弱促進	良	8
	TV<87	低金融發展國家	弱促進	良	8
制度質量	TV>−0.64	高制度質量國家	強促進	優	10
	TV≤−0.64	低制度質量國家	弱促進	良	8
貿易開放	TV>75	高貿易開放國家	弱促進	良	8
	TV≤75	低貿易開放國家	強促進	優	10
通貨膨脹	TV>3	高通脹國家	弱促進	良	8
	TV≤3	低通脹國家	強促進	優	10
政府支出占GDP比重	TV>12	高政府支出國家	強促進	優	10
	TV≤12	低政府支出國家	弱促進	良	8

附表3(續)

初始條件	門檻值(臨界值)	國家分類	經濟增長效應	評估等級	賦值
外匯儲備占GDP比重	TV>7	高外匯儲備國家	強促進	優	10
	TV≤7	低外匯儲備國家	弱促進	良	8
匯率制度	TV>9.4	高匯率彈性國家	弱促進	良	8
	1.2≤TV≤9.4	中等匯率彈性國家	強促進	優	10
	TV<1.2	低匯率彈性國家	弱促進	良	8

附表4 經濟增長條件成熟度評估門檻及賦值結果（對外證券投資）

初始條件	門檻值(臨界值)	國家分類	經濟增長效應	評估等級	賦值
金融發展	TV>247	高金融發展國家	強促進	優	10
	211≤TV≤247	中等金融發展國家	弱促進	良	8
	TV<211	低金融發展國家	弱促進	良	8
制度質量	TV>-0.32	高制度質量國家	強促進	優	10
	TV≤-0.32	低制度質量國家	強抑制	差	4
貿易開放	TV>22	高貿易開放國家	強抑制	差	4
	TV≤22	低貿易開放國家	強促進	優	10
通貨膨脹	TV>10.7	高通脹國家	強抑制	差	4
	TV≤10.7	低通脹國家	強促進	優	10
政府支出占GDP比重	TV>13	高政府支出國家	強促進	優	10
	TV≤13	低政府支出國家	弱促進	良	8
外匯儲備占GDP比重	TV>5	高外匯儲備國家	強抑制	差	4
	TV≤5	低外匯儲備國家	強促進	優	10
匯率制度	TV>3.4	高匯率彈性國家	強抑制	差	4
	TV≤3.4	低匯率彈性國家	強促進	優	10

附表5 經濟增長條件成熟度評估門檻及賦值結果（對內債務投資）

初始條件	門檻值(臨界值)	國家分類	經濟增長效應	評估等級	賦值
金融發展	TV>261	高金融發展國家	強促進	優	10
	132≤TV≤261	中等金融發展國家	強抑制	差	4
	TV<132	低金融發展國家	弱抑制	中	6
制度質量	TV>-0.62	高制度質量國家	強抑制	差	4
	TV≤-0.62	低制度質量國家	弱抑制	中	6

附表5(續)

初始條件	門檻值(臨界值)	國家分類	經濟增長效應	評估等級	賦值
貿易開放	TV>95	高貿易開放國家	強抑制	差	4
	22≤TV≤95	中等貿易開放國家	弱抑制	中	6
	TV<22	低貿易開放國家	弱抑制	中	6
通貨膨脹	TV>5	高通脹國家	強抑制	差	4
	TV≤5	低通脹國家	強促進	優	10
政府支出占GDP比重	TV>13	高政府支出國家	強抑制	差	4
	7≤TV≤13	中等政府支出國家	強促進	優	10
	TV<7	低政府支出國家	弱抑制	中	6
外匯儲備占GDP比重	TV>4	高外匯儲備國家	弱抑制	中	6
	TV≤4	低外匯儲備國家	強抑制	差	4
匯率制度	TV>14.2	高匯率彈性國家	強抑制	差	4
	TV≤14.2	低匯率彈性國家	強促進	優	10

附表6 經濟增長條件成熟度評估門檻及賦值結果（對外債務投資）

初始條件	門檻值(臨界值)	國家分類	經濟增長效應	評估等級	賦值
金融發展	TV>87	高金融發展國家	強促進	優	10
	66≤TV≤87	中等金融發展國家	弱促進	良	8
	TV<66	低金融發展國家	弱抑制	中	6
制度質量	TV>-0.33	高制度質量國家	強促進	優	10
	TV≤-0.33	低制度質量國家	強抑制	差	4
貿易開放	TV>101	高貿易開放國家	強抑制	差	4
	26≤TV≤101	中等貿易開放國家	弱抑制	中	6
	TV<26	低貿易開放國家	強促進	優	10
通貨膨脹	TV>22	高通脹國家	強抑制	差	4
	TV≤22	低通脹國家	強促進	優	10
政府支出占GDP比重	TV>22.4	高政府支出國家	強促進	優	10
	14≤TV≤22.4	中等政府支出國家	弱抑制	中	6
	TV<14	低政府支出國家	強抑制	差	4
外匯儲備占GDP比重	TV>7	高外匯儲備國家	強抑制	差	4
	TV≤7	低外匯儲備國家	強促進	優	10
匯率制度	TV>16.2	高匯率彈性國家	強抑制	差	4
	4.2≤TV≤16.2	中等匯率彈性國家	強促進	優	10
	TV<4.2	低匯率彈性國家	弱抑制	中	6

附表 7　金融風險條件成熟度評估門檻及賦值結果（外商直接投資）

初始條件	門檻值(臨界值)	國家分類	經濟增長效應	評估等級	賦值
金融發展	TV>224	高金融發展國家	強抑制	優	10
	151≤TV≤224	中等金融發展國家	弱抑制	良	8
	TV<151	低金融發展國家	強促進	差	4
制度質量	TV>0.62	高制度質量國家	弱促進	中	6
	−1.01≤TV≤0.62	中等制度質量國家	強抑制	優	10
	TV<−1.01	低制度質量國家	強促進	差	4
貿易開放	TV>46	高貿易開放國家	弱抑制	良	8
	TV≤46	低貿易開放國家	強抑制	優	10
通貨膨脹	TV>13	高通脹國家	強促進	差	4
	6.7≤TV≤13	中等通脹國家	弱促進	中	6
	TV<6.7	低通脹國家	強抑制	優	10
政府支出占GDP比重	TV>24.1	高政府支出國家	強促進	差	4
	15.3≤TV≤24.1	中等政府支出國家	弱抑制	良	8
	TV<15.3	低政府支出國家	強抑制	優	10
外匯儲備占GDP比重	TV>7.6	高外匯儲備國家	強抑制	優	10
	TV<7.6	低外匯儲備國家	強促進	差	4
匯率制度	TV>11.9	高匯率彈性國家	強促進	差	4
	1.2≤TV≤11.9	中等匯率彈性國家	弱抑制	良	8
	TV<1.2	低匯率彈性國家	強抑制	優	10

附表 8　金融風險條件成熟度評估門檻及賦值結果（對外直接投資）

初始條件	門檻值(臨界值)	國家分類	經濟增長效應	評估等級	賦值
金融發展	TV>182	高金融發展國家	強抑制	優	10
	150≤TV≤182	中等金融發展國家	強促進	差	4
	TV<150	低金融發展國家	弱促進	中	6
制度質量	TV>0.13	高制度質量國家	強抑制	優	10
	0.13≤TV≤1.65	中等制度質量國家	弱抑制	良	8
	TV<0.13	低制度質量國家	強促進	差	4
貿易開放	TV>89	高貿易開放國家	弱抑制	良	8
	31≤TV≤89	中等貿易開放國家	強促進	差	4
	TV<31	低貿易開放國家	強抑制	優	10

附表8(續)

初始條件	門檻值(臨界值)	國家分類	經濟增長效應	評估等級	賦值
通貨膨脹	TV>18.3	高通脹國家	強促進	差	4
	TV≤18.3	低通脹國家	弱促進	中	6
政府支出占GDP比重	TV>18.7	高政府支出國家	強抑制	優	10
	14.9≤TV≤18.7	中等政府支出國家	強促進	差	4
	TV<14.9	低政府支出國家	弱促進	中	6
外匯儲備占GDP比重	TV>9.1	高外匯儲備國家	強抑制	優	10
	0.83≤TV≤9.1	中等外匯儲備國家	弱促進	中	6
	TV<0.83	低外匯儲備國家	強促進	差	4
匯率制度	TV>9.4	高匯率彈性國家	強促進	差	4
	1.2≤TV≤9.4	中等匯率彈性國家	強抑制	優	10
	TV<1.2	低匯率彈性國家	弱抑制	良	8

附表9 金融風險條件成熟度評估門檻及賦值結果（對內證券投資）

初始條件	門檻值(臨界值)	國家分類	經濟增長效應	評估等級	賦值
金融發展	TV>182	高金融發展國家	強抑制	優	10
	83≤TV≤182	中等金融發展國家	弱抑制	良	8
	TV<83	低金融發展國家	強促進	差	4
制度質量	TV>1.52	高制度質量國家	強抑制	優	10
	-0.02≤TV≤1.52	中等制度質量國家	弱抑制	良	8
	TV<-0.02	低制度質量國家	強促進	差	4
貿易開放	TV>57	高貿易開放國家	強抑制	優	10
	33≤TV≤57	中等貿易開放國家	強促進	差	4
	TV<33	低貿易開放國家	弱抑制	良	8
通貨膨脹	TV>27.4	高通脹國家	強促進	差	4
	4≤TV≤27.4	中等通脹國家	強抑制	優	10
	TV<4	低通脹國家	弱抑制	良	8
政府支出占GDP比重	TV>13.8	高政府支出國家	強促進	差	4
	10≤TV≤13.8	中等政府支出國家	弱抑制	良	8
	TV<10	低政府支出國家	強抑制	優	10

附表9(續)

初始條件	門檻值(臨界值)	國家分類	經濟增長效應	評估等級	賦值
外匯儲備占 GDP 比重	TV>17.2	高外匯儲備國家	強抑制	優	10
	7≤TV≤17.2	中等外匯儲備國家	弱促進	中	6
	TV<7	低外匯儲備國家	強促進	差	4
匯率制度	TV>6.7	高匯率彈性國家	強促進	差	4
	1.2≤TV≤6.7	中等匯率彈性國家	強抑制	優	10
	TV<1.2	低匯率彈性國家	弱抑制	良	8

附表 10 金融風險條件成熟度評估門檻及賦值結果（對外證券投資）

初始條件	門檻值(臨界值)	國家分類	經濟增長效應	評估等級	賦值
金融發展	TV>82	高金融發展國家	強抑制	優	10
	54≤TV≤82	中等金融發展國家	強促進	差	4
	TV<54	低金融發展國家	弱促進	中	6
制度質量	TV>-0.96	高制度質量國家	強促進	差	4
	TV≤-0.96	低制度質量國家	強抑制	優	10
貿易開放	TV>97	高貿易開放國家	強抑制	優	10
	24≤TV≤97	中等貿易開放國家	強促進	差	4
	TV<24	低貿易開放國家	弱抑制	良	8
通貨膨脹	TV>38.7	高通脹國家	強促進	差	4
	TV≤38.7	低通脹國家	弱促進	中	6
政府支出占 GDP 比重	TV>18.8	高政府支出國家	強抑制	優	10
	15.2≤TV≤18.8	中等政府支出國家	強促進	差	4
	TV<15.2	低政府支出國家	弱抑制	良	8
外匯儲備占 GDP 比重	TV>6.2	高外匯儲備國家	強抑制	優	10
	TV≤6.2	低外匯儲備國家	強促進	差	4
匯率制度	TV>9.4	高匯率彈性國家	強促進	差	4
	1.3≤TV≤9.4	中等匯率彈性國家	強抑制	優	10
	TV<1.3	低匯率彈性國家	弱抑制	良	8

附表 11　金融風險條件成熟度評估門檻及賦值結果（對內債務投資）

初始條件	門檻值(臨界值)	國家分類	經濟增長效應	評估等級	賦值
金融發展	TV>217	高金融發展國家	弱促進	中	6
	102≤TV≤217	中等金融發展國家	弱促進	中	6
	TV<102	低金融發展國家	強促進	差	4
制度質量	TV>0.81	高制度質量國家	弱促進	中	6
	-0.94≤TV≤0.81	中等制度質量國家	強抑制	優	10
	TV<-0.94	低制度質量國家	強促進	差	4
貿易開放	TV>91	高貿易開放國家	弱促進	中	6
	20≤TV≤91	中等貿易開放國家	強促進	差	4
	TV<20	低貿易開放國家	弱促進	中	6
通貨膨脹	TV>40.1	高通脹國家	弱促進	中	6
	6.7≤TV≤40.1	中等通脹國家	強促進	差	4
	TV<6.7	低通脹國家	弱促進	中	6
政府支出占GDP比重	TV>15.1	高政府支出國家	強促進	差	4
	8.4≤TV≤15.1	中等政府支出國家	強抑制	優	10
	TV<8.4	低政府支出國家	弱促進	中	6
外匯儲備占GDP比重	TV>10.1	高外匯儲備國家	強促進	差	4
	TV≤10.1	低外匯儲備國家	弱促進	中	6
匯率制度	TV>9.7	高匯率彈性國家	強促進	差	4
	4.2≤TV≤9.7	中等匯率彈性國家	強抑制	優	10
	TV<4.2	低匯率彈性國家	弱促進	中	6

附表 12　金融風險條件成熟度評估門檻及賦值結果（對外債務投資）

初始條件	門檻值(臨界值)	國家分類	經濟增長效應	評估等級	賦值
金融發展	TV>92	高金融發展國家	強抑制	優	10
	TV≤92	低金融發展國家	強促進	差	4
制度質量	TV>-0.02	高制度質量國家	弱抑制	良	8
	-0.96≤TV≤-0.02	中等制度質量國家	強抑制	優	10
	TV<-0.96	低制度質量國家	強促進	差	4
貿易開放	TV>101	高貿易開放國家	強抑制	優	10
	32≤TV≤101	中等貿易開放國家	弱促進	中	6
	TV<32	低貿易開放國家	強促進	差	4
通貨膨脹	TV>13	高通脹國家	強促進	差	4
	TV≤13	低通脹國家	弱促進	中	6
政府支出占GDP比重	TV>17	高政府支出國家	強促進	差	4
	10.2≤TV≤17	中等政府支出國家	強抑制	優	10
	TV<10.2	低政府支出國家	弱促進	中	6
外匯儲備占GDP比重	TV>14	高外匯儲備國家	強抑制	優	10
	6.1≤TV≤14	中等外匯儲備國家	弱促進	中	6
	TV<6.1	低外匯儲備國家	強促進	差	4
匯率制度	TV>14.7	高匯率彈性國家	強促進	差	4
	3.2≤TV≤14.7	中等匯率彈性國家	強抑制	優	10
	TV<3.2	低匯率彈性國家	弱促進	中	6

附表13 2008年金融危機後中國與相關國家（地區）貨幣互換協議一覽表
（截至2017.7）

互換對象國/地區	簽訂日期	互換幣種	互換規模/億元人民幣
韓國	2009.4.20	人民幣/韓元	1,800（2011年10月續3,600；2014年10月續3,600）
馬來西亞	2009.2.8	人民幣/吉特林	800（2012年2月續1,800；2015年4月續1,800）
白俄羅斯	2009.3.11	人民幣/白俄羅斯盧布	200（2015年5月續70）
印度尼西亞	2009.3.23	人民幣/印尼盾	1,000（2013年10月續1,000）
阿根廷	2009.4.2	人民幣/阿根廷比索	700（2014年7月續700；2017年7月續700）
冰島	2010.6.9	人民幣/冰島克朗	35（2013年9月續35；2016年12月續35）
新加坡	2010.7.23	人民幣/新加坡元	1,500（2013年3月續3,000；2016年3月續3,000）
紐西蘭	2011.4.18	人民幣/紐西蘭元	250（2014年4月續250；2017年5月續250）
烏茲別克	2011.4.19	人民幣/烏茲別克蘇姆	7
蒙古	2011.5.6	人民幣/圖格里克	50（2012年3月增至100；2014年8月續150；2017年7月續150）
哈薩克	2011.6.13	人民幣/哈薩克斯坦堅戈	70（2014年12月續70）
泰國	2011.12.22	人民幣/泰銖	700（2014年12月續700）
巴基斯坦	2011.12.23	人民幣/巴基斯坦盧比	100（2014年12月續100）
阿聯酋	2012.1.17	人民幣/阿聯酋迪拉姆	350（2015年12月350）
土耳其	2012.2.21	人民幣/土耳其里拉	100（2015年9月續120）
澳大利亞	2012.3.22	人民幣/澳大利亞元	2,000（2015年3月續2,000）
烏克蘭	2012.6.26	人民幣/烏克蘭格里夫納	150（2015年5月續150）
巴西	2013.3.26	人民幣/雷亞爾	1,900
英國	2013.6.22	人民幣/英鎊	2,000（2015年10月續3,500）
匈牙利	2013.9.9	人民幣/匈牙利福林	100（2016年9月續100）
阿爾巴尼亞	2013.9.12	人民幣/阿爾巴尼亞列克	20
歐央行	2013.10.8	人民幣/歐元	3,500（2016年9月續3,500）

附表13(續)

互換對象國/地區	簽訂日期	互換幣種	互換規模/億元人民幣
瑞士	2014.7.21	人民幣/瑞士法郎	1,500（2017年7月續1,500）
斯里蘭卡	2014.9.16	人民幣/斯里蘭卡盧比	100
俄羅斯	2014.10.13	人民幣/俄羅斯盧布	1,500
卡達	2014.11.3	人民幣/里亞爾	350
加拿大	2014.11.8	人民幣/加拿大元	2,000
蘇利南	2015.3.18	人民幣/蘇利南元	10
亞美尼亞	2015.3.25	人民幣/德拉姆	10
南非	2015.4.10	人民幣/南非蘭特	300
智利	2015.5.25	人民幣/智利比索	220
塔吉克	2015.9.3	人民幣/索莫尼	30
摩洛哥	2016.5.11	人民幣/摩洛哥迪拉姆	100
塞爾維亞	2016.6.17	人民幣/塞爾維亞第納爾	15
埃及	2016.12.6	人民幣/埃及鎊	180

資料來源：根據中國人民銀行網站（http://www.pbc.gov.cn）提供的信息整理編製。

資本帳戶開放的條件、時機及效應研究

作　　者：	陳若愚 著	
發 行 人：	黃振庭	
出 版 者：	財經錢線文化事業有限公司	
發 行 者：	財經錢線文化事業有限公司	
E-mail：	sonbookservice@gmail.com	
粉 絲 頁：	https://www.facebook.com/sonbookss	
網　　址：	https://sonbook.net/	
地　　址：	台北市中正區重慶南路一段六十一號八樓 815 室	

Rm. 815, 8F., No.61, Sec. 1, Chongqing S. Rd., Zhongzheng Dist., Taipei City 100, Taiwan (R.O.C)

電　　話：	(02)2370-3310	
傳　　真：	(02) 2388-1990	
總 經 銷：	紅螞蟻圖書有限公司	
地　　址：	台北市內湖區舊宗路二段 121 巷 19 號	
電　　話：	02-2795-3656	
傳　　真：	02-2795-4100	
印　　刷：	京峯彩色印刷有限公司（京峰數位）	

版權聲明

本書版權為西南財經出版社所有授權崧博出版事業有限公司獨家發行電子書及繁體書繁體字版。若有其他相關權利及授權需求請與本公司聯繫。

定　　價：320 元
發行日期：2020 年 11 月第一版
◎本書以 POD 印製

國家圖書館出版品預行編目資料

資本帳戶開放的條件、時機及效應研究 / 陳若愚著 . -- 第一版 . -- 臺北市：財經錢線文化，2020.11
　　面；　公分
POD 版
ISBN 978-957-680-480-9(平裝)
1. 金融市場 2. 金融自由化 3. 經濟發展
561.7　　　109016756

官網

臉書